まんがでわかる

脱・引き寄せの法則

宮咲ひろ美 Hiromi Miyasaki
監修 弥永英晃 Hideaki Yanaga 河野桃子 Momoko Kono

本当に「引き寄せる」ために

イースト・プレス

この本を引き寄せたあなたに……

はじめに

脱・引き寄せの法則にようこそ！　この本をお読みになりたいあなたは、何かを引き寄せたい、成し遂げたい、けれど引き寄せられない！とジレンマを感じていらっしゃるのかもしれません。

実は私こそ引き寄せられない女子でした。8年越しでお付き合いし、心から望んで結婚したはずの相手とわずか3年で離婚。借金を抱えながら、シングルマザーとして仕事をしていくストレスで、私は人生に行き詰まりを感じていました。

何とかして、人生を変えていきたい。そんな思いから、ある時『ザ・シークレット』をはじめとする、引き寄せの法則を知りました。今を生きることに疲れていた私は、目に見えない世界の力にすがりたかったのかもしれません。

いい気分でいること、前向きな気持ちを保つこと……それを実行していたのに、一向に状況は改善されません。なぜ、私は自分が望むものを引き寄せられないのか？　それが疑問でした。

引き寄せの法則を知ってから、私はたくさんの引き寄せ関係の本を読み、セミナーを受け、シータヒーリング®などのテクニックを勉強して自分を癒やしていきました。もがきながら進んだその過程は、自分が本当に何を望んでいるのかを知る過程でもあり、自分自身を探求する旅でもありました。

それは「私は何も持っていない、何も成すことができない」という幻想を打ち砕く旅でもありました。本当は、青い鳥を探し求めた兄妹たちのように、宝や欲しかったものは家にあったのです。家、つまり私の内側に…。

そして引き寄せられない法則で気づいた最大の答えはひとつ。今まで人生の不具合だと思っていたことは、私が心と身体と魂を使って、この人生でやってみたかったことだったという、衝撃の事実に気づいたのでした。

この漫画の元となる本を書いてからさらに3年の月日がたち、私の状況も変わってきました。お金関係の悩みはなくなり、当時は美容の仕事をしながらセラピーのサロンを開設していましたが、今はサロンを一時休業し、なんと美容学校の校長をしています。どうしてこんなことになったのかは、宇宙と私の魂のみが知っていますが、どうやら私は人の3倍の人生を生きると決めてきたみたいです。

冒険の場所は違いますが、私の魂の目的は「自分自身にNOと言う人たちに、自分の素晴らしさを気づかせること」のようです。そして大切なのは、私がそれを楽しんでいることなのです。

どうかこの本を手に取ってくださる方が、ご自身の魂の喜びに気づいてくださること、そして自分の人生を楽しみながら選択できるのだと、気づいてくださることを心から願っています。みなさんの望みがたくさん叶い、素敵な日々を送れますように。

最後に、この本を出版するきっかけをつくってくださった共同原作者の弥永英晃さん、素敵なネコ先生をつくり出してくれた宮咲ひろ美先生、そして、3年という長い時間をかけ、辛抱強く取り組んでくださった編集の齋藤和佳さんに、心よりの感謝を申し上げます。

河野桃子［潜在意識コーチ］

もくじ

はじめに――003

プロローグ――012

第1章 望みを叶えるために 引き寄せの法則を基本からやってみよう! 019

01 「引き寄せの法則」を知っていますか?……020

02 叶えたい夢はありますか?……022

03 もしもすべての願いが叶うなら何を望みますか?……024

04 望むことをさらにもっと具体的にできますか？……026
05 逆に、望まないことはなんですか？……028
06 否定形を使ってはイケナイ理由《わけ》……030
07 1番最初に叶えたい夢はなんですか？……032
補足 みわの望むこと［引き寄せオーダーシート記入例］……034

第2章 引き寄せられない罠に注意！ うっかりやっている悪い思いグセをやめよう！ 035

08 望みが叶えば「今より幸せ」と思っていませんか？……036
09 「特別な人にならなければ」と思っていませんか？……038
10 引き寄せられないことを誰かのせいにしていませんか？……040
11 「自分の夢が大きすぎる」と思っていませんか？……042
12 「悪いこと」を違う角度から見ることができますか？……044

第3章 自分自身を深く知ろう！ 潜在意識を学ぼう 047

13 90%の潜在意識を使っていますか？……048
14 あなたのコンフォートゾーンはどこですか？……050
15 望みが叶うことに恐れを感じていませんか？……052
16 恐れはどこから来るのでしょうか？……054

第4章 受け入れられる自分になるために メンタルブロックを知ろう 057

17 引き寄せを阻むメンタルブロックを持っていませんか？……058
18 メンタルブロックはいつできるのでしょうか？……060
19 親のひと言に傷ついたことがありませんか？……062

20 子ども社会の影響力を知っていますか？……064
21 あなたはポジティブな思考を選んでいますか？……066
22 どうして人はネガティブに反応しがちなのでしょうか？……068
23 24時間ネガティブトークしていませんか？……070
24 苦手な人はどんな人ですか？……072
25 本当は「願いを叶えたくない」と思っていませんか？……074

第5章 メンタルブロックを解放しよう 実践、セルフワーク！ 077

26 10の質問に答えて自分を見つめなおそう！……078
補足 セルフワークをはじめる前に……086
27 ペンテクニック……088
28 サンキューエモーション……090

29 雲のヒーリング……092
30 つぼトントンセラピー（脱・引き寄せの法則簡易版ＥＦＴ）……094
31 ぬいぐるみを使ったインナーチャイルドワーク……098
32 出さない手紙を使ったインナーチャイルドワーク……102
33 催眠セラピー……106

第6章 脱・引き寄せの法則のヒント ハートと波動のおはなし 109

34 望むことに周波数を合わせよう！……波動……110
35 ハートを意識してみよう！……ハート（心臓）の力……112
36 無意識の共有サーバーにアクセス！……マトリックス……114
37 引き寄せが起こらないその理由は？……内観……116

第7章 引き寄せるために大切なこと プラスαの引き寄せワーク　119

38 引き寄せ宣言をしよう！……アファメーション……120
39 夢をビジュアル化しよう！……ビジョンボード……122
40 脳と身体の疲れをリセットしよう！……瞑想……124
41 1日1回のありがとうタイム……ありがとうノート……126
42 セルフ「ほめ上手」になろう！……ほめ習慣……128
43 ゴールに向かう計画を立てよう！……目標達成プラン……130

第8章 さあ、引き寄せよう！ ネコ先生の最終講義　133

44 夢のためにできることからはじめよう！……行動すること……134

45 望みが叶うスピードは十人十色……実現までのスピード……136
46 夢へのアンテナを敏感にしよう……引き寄せサインをキャッチ……138
47 「望むこと」は変わってもいい……臨機応変に……140
48 夢が叶うまでのシナリオはあなただけのドラマ……ネガティブなことが起こったら……142
49 自分の幸せからすべてがはじまる!……祈りのバランス……144
50 ゆるく、楽しく、自分らしく……しばられない心……146

エピローグ――149

おわりに――156

[付録]引き寄せオーダーシート――158

プロローグ

私の名前はみわ(28)
上京して4年目
とある薬品メーカーに勤務
事務員やってます
ぐがー
朝?
そうだ
昨日は
同窓会で
久しぶり!
変わらなーい
かつての同級生たちは
みんな幸せをつかんでいた
オレ今度
イタリアンの
店を
出すんだ
去年
結婚して
今お腹に
赤ちゃんが
いるのよ
うっ
まぶしいリア充オーラ!

それにひきかえ私ときたら
寿退社を目前にフラれ
それから3年間彼氏なし
け…けっこんは!?
失恋
やめたい…
安月給で不満だらけの
今の仕事を辞めたいけど
すぐに就職先が決まるか
不安で辞められない
結婚
そして
出産！
充実した
仕事！
幸せは
私の手から
砂のように
すり抜けていく！
ばーん！
そうよ
私だって！
引き寄せの法則
幸せになる！
願いが叶う○○
引き寄せと言われることは
やってるつもりよ
笑顔を
忘れず♪
ネガティブな
言葉は
使わない
オシャレして
街に出かけて
行動的に♪
なのに！

私は全然
引き寄せられてなーーい！
はいはい
ちょっといいかニャ
つまりキミは
まぎれもなく
……
誰て、どこて、
キョロキョロ
ドーン！
引き寄せ難民
なのニャ！
ネコ？
どっから
入った？
ていうか
しゃべってる！
ボクの名は人呼んで
引き寄せの伝道師！
シュタッ
窓はあいてたニャ
引き寄せたいのに
引き寄せられない！
そんな引き寄せ難民を
救うべくここに
やってきたのニャ！

引き寄せ難民？
ボクは みわのような
引き寄せ難民が
「引き寄せられない人」から
脱することができるように
本当に引き寄せる方法を
伝授しているのニャ
この方法を
「脱・引き寄せの
法則」
と言うのニャ！
みんなが
引き寄せて
幸せになれば
憎しみや争いごとが
消えた 素晴らしい
世の中になる……
それがボクの使命ニャ！
あの～…
私もね
いろいろ
やってきた
のよ…
はい？
でも……
幸せになるのは
周りの人たちばかり
私に割り当てられた
幸せなんてきっともう
ないのよ……
OPEN
ネガティブな
思い込みこそ
引き寄せの敵！

幸せが自分以外のところにあると思った時点で
"私は幸せじゃない！"
という思考を
宇宙に送り込んでる
ってことニャッ！
キミは！
今のままでもう
完璧なのニャ！
今のままで
完璧？
とゆーわけで
みわが
「脱・引き寄せ」
できるまで
ここにいさせて
もらうからニャ！
ポスッ
気軽に
「ネコ先生」
って
呼んでニャ
パジャマ早く
着替えろニャ
ここはひとつ
このネコに…
いや、
ネコ先生に
ゆだねて
みようかな

「引き寄せを行っているつもりなのに
どうして引き寄せられないの？」

そう思うあなたは、まぎれもなく
「引き寄せ難民」です！

そんなあなたに…
「脱・引き寄せの法則」を知ってほしい！

「脱」といっても
引き寄せをやめてしまおう
ということではありません。
「引き寄せ難民を救うべく
ネコ先生が本当の引き寄せを伝授します！

どうして引き寄せられないのか？
それには秘密があるのです！

さぁ一緒に！ その秘密をひも解いて
本当の引き寄せ体質になりましょう！

第1章
望みを叶えるために
引き寄せの法則を基本からやってみよう！

01 「引き寄せの法則」を知っていますか？

引き寄せの法則とは**自分の思考や感情に似たものを引き寄せること**を言います。

「ちょうど欲しいと思っていたものが偶然手に入った」、「会いたいと思っている人にばったり出会う」、「授業で先生に指されたくない！と思っていたら指された」など、普段なにげなく起こっていること……

そう！　あなたはすでに引き寄せを体験しているのです！

引き寄せの法則は、良いことと悪いことに関わらず起こりうる法則です。「**いつもいい気分でいる**」ことが必要不可欠なマインドであることを覚えておきましょう。

引き寄せの法則って
思っていることが
現実化する
っていうもの？
地球上に
存在するもの
すべてに起こる！
お金
健康
恋愛
愛情
仕事
すっごく
簡単に言うと
そうニャ
うん
うん
思考や感情のエネルギーは
常に宇宙に放出されていて
それが善し悪しに関係なく
似たものが返ってきます
ポジティブ・ネガティブな
思考・感情・行動
同じ性質のものを
引き寄せる
脳で
考えること
心
ハートで
感じること
これはスピリチュアルでも
なんでもない
宇宙の法則なのです！
引き寄せの法則は
とっても
シンプル！
こんなステキな法則を
活かすも殺すも
自分次第ニャ！
どうして私は
引き寄せ難民なの…
知りたい！
未来の自分に
ハッピーな思考を
送り続けよう！

02 叶えたい夢はありますか？

引き寄せの法則の基本。**まずは、夢を持つことからはじめましょう！**

もしもすぐに思い浮かばないなら、不満や悩みを望みに置き換えて！　恋人がいないことが悩みなら「恋人をつくる」、仕事の不満があるなら「やりがいのある仕事をする」、お金に困っているなら「お金を手に入れる」など。

あなたは何を引き寄せたいですか？

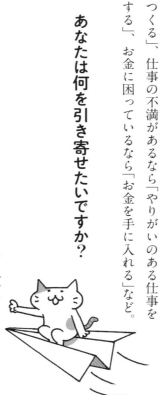

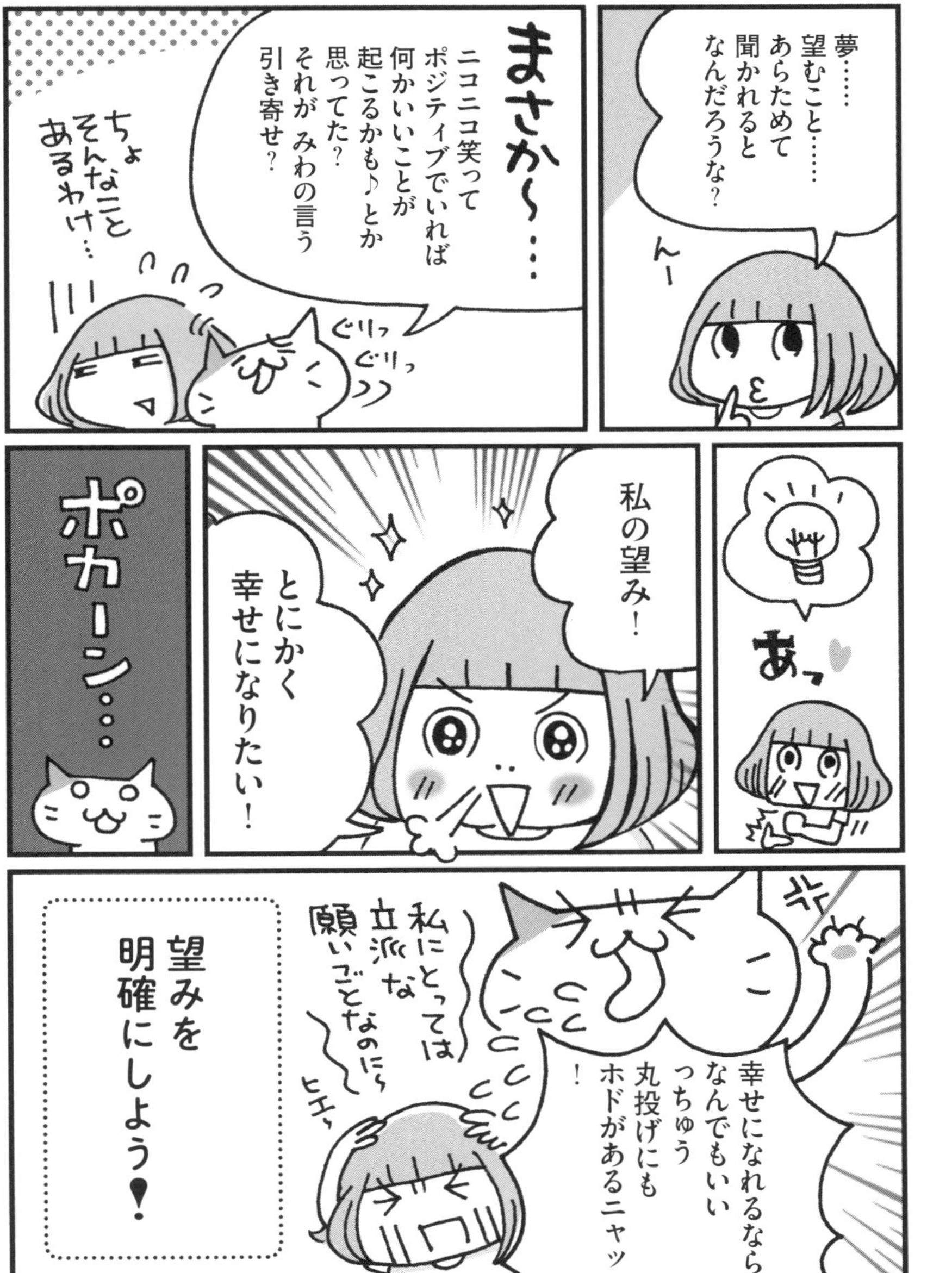
夢…… 望むこと…… あらためて聞かれると なんだろうな？

ん〜

まさか〜…

ニコニコ笑って ポジティブでいれば 何かいいことが 起こるかも♪とか 思ってた？ それが みわの言う 引き寄せ？

ぐりっ ぐりっ
ちょ そんなこと あるわけ…

あっ
私の望み！

とにかく 幸せになりたい！

ポカーン…

幸せになれるなら なんでもいい っちゅう 丸投げにも ホドがあるニャッ！

私にとっては 立派な 願いごとなのに〜

ヒエ〜

望みを明確にしよう❗

03 もしもすべての願いが叶うなら何を望みますか？

これからあなたが引き寄せるための第一歩、**「引き寄せオーダーシート」**に望みをすべて書き込んでいきましょう。（P158に専用のシートがあるので使ってくださいね）

望みは（お金・健康・仕事・恋愛・具体的に欲しいものなど）小さい望みでも大きい望みでも構いません。

今のあなたが何を望み、将来どうなりたいかを想像してください。それに対する「現状」も見つめてみましょう。紙に書くことで「自分がそうなっていくんだ」という引き寄せの宣言にもなります。

引き寄せオーダーシートを書く時の大事なポイントがあるニャ！
望みを書く時に「〜が欲しい」「〜がしたい」ではなく叶った状態や宣言を書くべし！
ニャー！

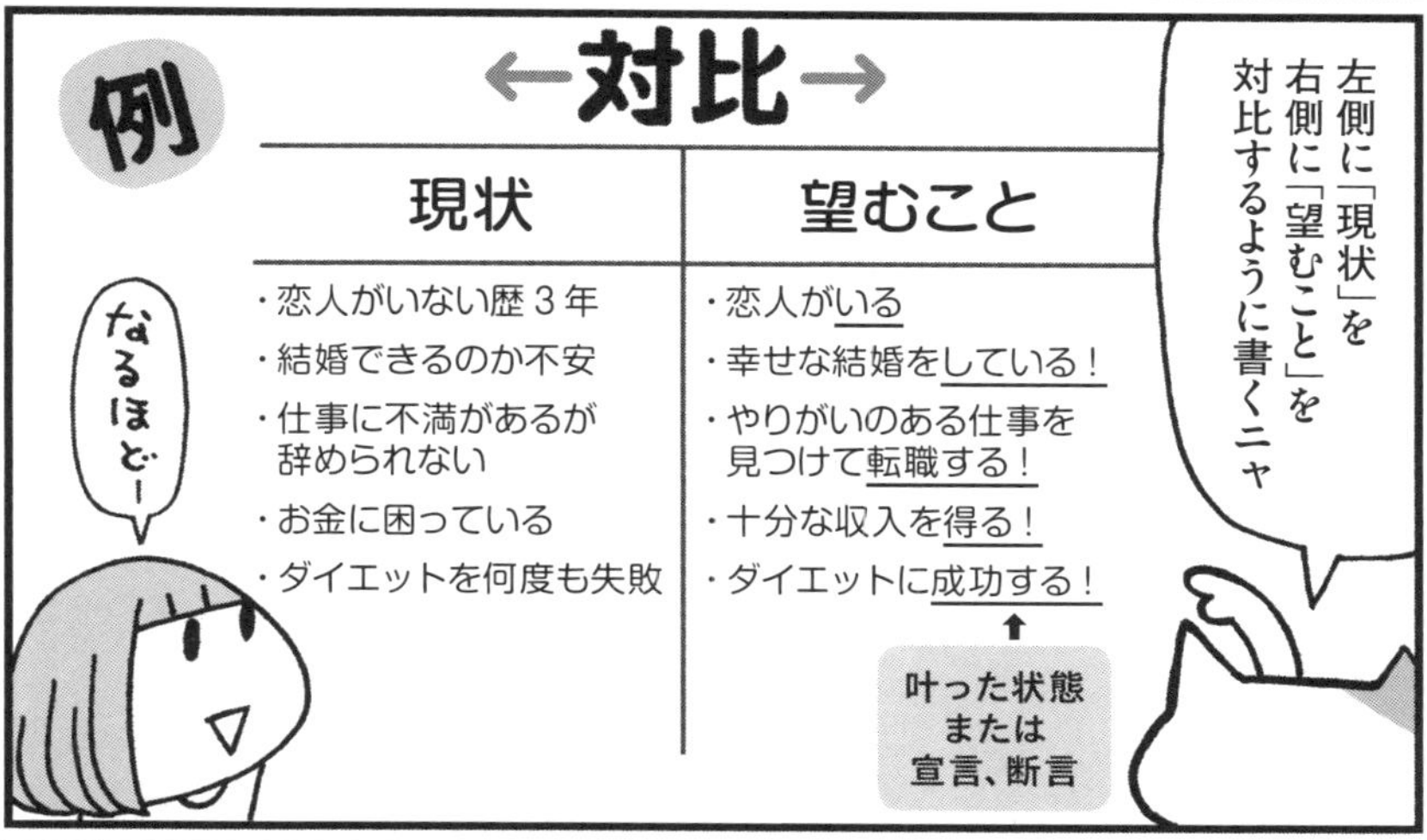

左側に「現状」を右側に「望むこと」を対比するように書くニャ
例
←対比→
現状
・恋人がいない歴３年
・結婚できるのか不安
・仕事に不満があるが辞められない
・お金に困っている
・ダイエットを何度も失敗
望むこと
・恋人がいる
・幸せな結婚をしている！
・やりがいのある仕事を見つけて転職する！
・十分な収入を得る！
・ダイエットに成功する！
叶った状態または宣言、断言
なるほどー

叶った自分をイメージして「〜しているところ」など現在進行形で書いてもOKニャ！
よーし！私も引き寄せオーダーシート書いてみよう！
未来の自分を想像してドキドキわくわくしながら書こう！

04 望むことをさらにもっと具体的にできますか？

望むことを引き寄せオーダーシートにリストアップしたら、より引き寄せるために、**さらにイメージをふくらませて、望みのディテールを具体的に定義してみましょう！**

手にしたいお金はいくらですか？　手に入れたい車は何色でどんな車種？　結婚するならどんな人とどんな暮らしをしたいですか？　家が欲しいならどんな外観で部屋数はいくつですか？　望みをできるだけ具体的に設定してみてください。具体的になればなるほど引き寄せる力はＵＰします！

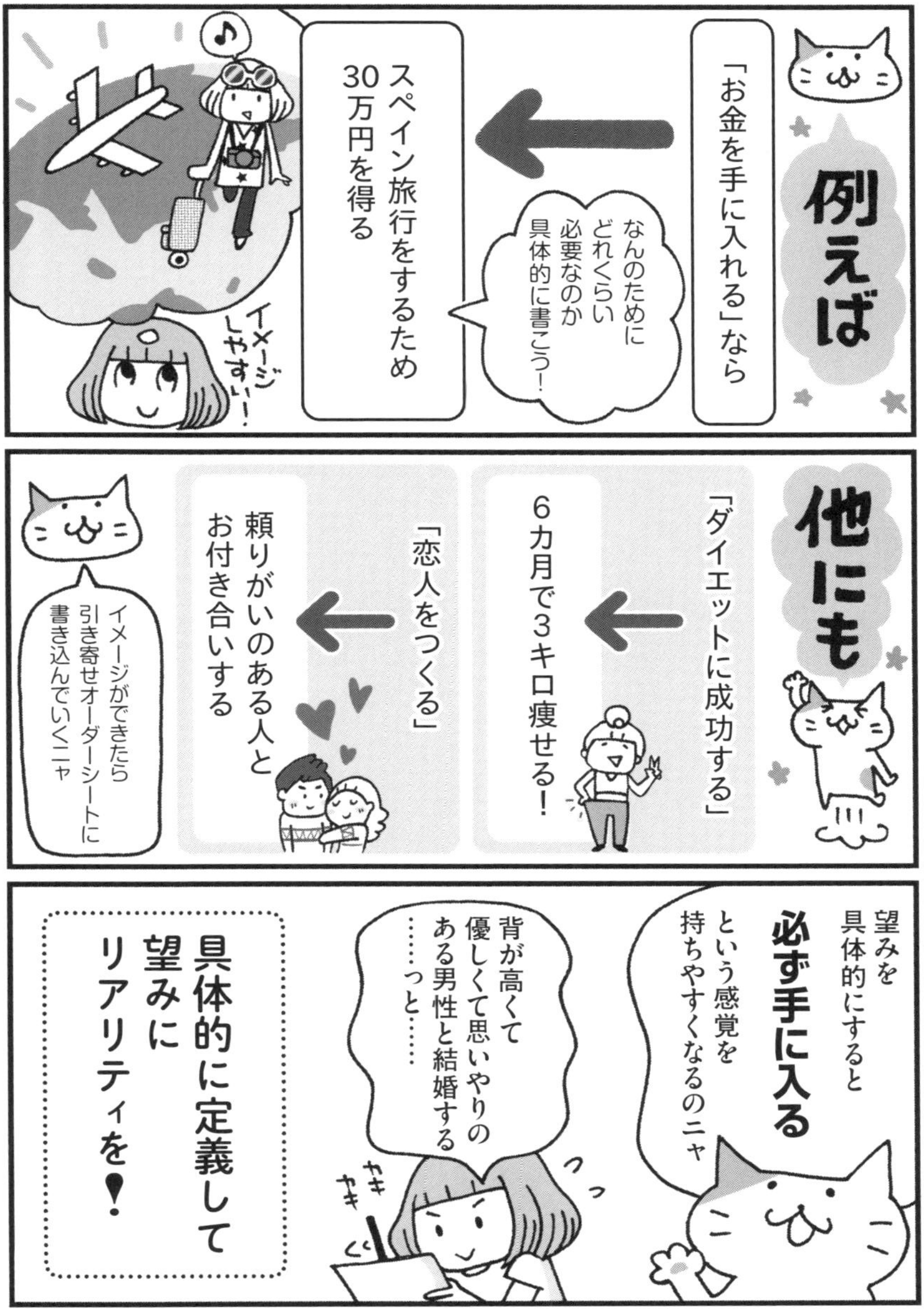
例えば
「お金を手に入れる」なら
なんのためにどれくらい必要なのか具体的に書こう！
スペイン旅行をするため30万円を得る
イメージしやすい!!
他にも
「ダイエットに成功する」
6カ月で3キロ痩せる！
「恋人をつくる」
頼りがいのある人とお付き合いする
イメージができたら引き寄せオーダーシートに書き込んでいくニャ
望みを具体的にすると
必ず手に入る
という感覚を持ちやすくなるのニャ
背が高くて優しくて思いやりのある男性と結婚する……っと……
カキカキ
具体的に定義して望みにリアリティを！

05 逆に、望まないことはなんですか？

引き寄せをしたいのに、わざわざ「望まないこと」というネガティブなことに意識を向けるのは良くないのでは？

いいえ、実は！　望まないことをきちんと知った上で引き寄せを行うと意識的に望まないことを避け、**本当に望むことを手に入れるように、引き寄せが働くようになるのです。**

このプロセスは本当の願望を知るためだけに行います。ですので「望まないこと」は引き寄せオーダーシートには書きません。1度メモ書きにしてから「望むこと」に変換して書き込んでみましょう！

突然ですが私結婚しました！引き寄せのおかげで夢が叶っちゃいました！
みわ愛してるよ
すぴ
ボヨ〜ン
夢を見せているのニャ
夢の中
プルプル
優しい彼と結婚できた！だけど彼は働かないぐうたら男だった！
クソ〜…
みわ仕事？いってらっしゃーい
ボーリボーリ
ねぐせ
DON'T LIKE WORK
引き寄せてるように見えてなんか違う！
こ…こんなの望んでな――い！
「結婚すること」ばかりにとらわれて望むことの本質を見失ってしまったのニャ
引き寄せオーダーシートには変換したほうを書くニャ
例
「望まないこと」を「望むこと」に変換しよう！
◎頼りがいのある人と付き合う
（ただし、お金遣いの荒い人は望まない）
➡（お金に堅実な人を望みます）
◎6カ月で3キロ痩せる！
（ただし、その後のリバウンドは望まない）
➡（そのままずっとキープする！）
望まないことを明確にして本当に望むことを引き寄せよう！

06 否定形を使ってはイケナイ理由《わけ》

「〜しない」「〜しません」のような否定形の言葉は、引き寄せ体質になるために普段から使わないようにしましょう。**なぜなら、潜在意識は「否定形の言葉を理解できない」**という特徴があるのです。

例えば「失敗しない」は否定形です。このとき潜在意識では「〜しない」を認識しないので、「失敗」を肯定的にイメージして引き寄せてしまうのです。

つまり自分に呪《のろ》いをかけているのと同じ！

言葉は潜在意識に直接働きかけるツールです。引き寄せの言葉選びを正しくして望みを叶えていきましょう。

もっとわかりやすく漫画で説明して〜
ハイハイ
=3

「失敗しない」という言葉からどんな光景が浮かぶニャ？
うーん…
うわあ…
失敗
しない
料理まるこげ
潜在意識は「〜しない」の部分を認識せず一瞬浮かんだ「失敗」のほうを引き寄せてしまうニャ
そんな!!
じゃあ「成功する」という言葉だと？
オムライス上手にできた！
うま
ちゃんと成功した美味しいオムライス食べてるイメージが！
なるほど—
望むことを意識して言葉を選べばいいんだね！
よく考えたらシンプル
普段の言葉づかいにも取り入れていこう！
×遅刻したくない
◎間に合うぞ！
×慌てない！
◎落ち着いて！
×太りたくないから食べない
◎痩せるような食べ方をしよう
潜在意識にプラスに働く言葉選びをしよう

07 1番最初に叶えたい夢はなんですか？

望みを引き寄せるために、ちょっとしたコツがあります。それは、望むことの優先順位をつけること！

夢はひとつずつでないと叶えられないというわけではありません。しかし「あれもこれも同時に叶えたい」という気持ちでいると意識が分散してしまい、引き寄せ力が弱くなってしまうのです。

1度の引き寄せに、望むことはひとつ！

優先順位をつけると1番最初に叶えたい夢に意識がフォーカスされ、思考・感情のエネルギーが集中するので、引き寄せがうまくいくようになります。夢はたくさん持っていいのです！　叶える工夫をふまえて「脱・引き寄せの法則」を実践していきましょう！

私の望むことの優先順位は
・恋人をつくる
・結婚する
・イラストレーターになる
この順で……
やっぱ1番目は
「恋人をつくる」
これかな〜
あ、でも！
ひとつに集中
となると3番目の
イラストレーターの
夢って一旦忘れた
ほうがいいの？
そこまで厳密に
しなくても大丈夫ニャ！
優先順位を決めておくと
1番目の望みに意識が向いて
今自分がやるべきことが
明確になるので行動に迷いが
なくなるのです
No1
1番
2番
3番
4番
5番
合コンあるけど
行く？
ハイッ
行きます！
迷いなしの即答
夢はいくつでも
叶えられる！
まずはひとつの
望みに集中すれば
もっと引き寄せ
やすくなるのニャ
いい気分♪
アートとか
イラストが
好きな男性
みつけよーっと
わくわく♪
引き寄せの
ターゲットを
ひとつに
しぼろう❗

みわの望むこと

記入例

引き寄せオーダーシート

現状	望むこと
彼がいない歴3年 さびしい	素敵な人と出会って お付き合いする！ 詳細 私より背が高くて思いやりのある人　価値観が似ている人 誠実な人　仕事やお金に堅実な人
将来結婚できるか 不安でたまらない	結婚してあたたかい 家庭をつくる！ 詳細 いつまでもお互いを思いやれる夫婦　結婚して5年以内に新居を持つ　その新居は駅から近い場所
今の仕事はお給料が 少なくて、 やりがいがない 辞めたい	趣味のイラストを がんばってプロになる！ 詳細 たくさんの仕事をいただいて、毎日楽しく過ごす　結婚しても続ける！　ダンナさんも理解してくれている

第2章 引き寄せられない罠に注意!

うっかりやっている悪い思いグセをやめよう!

08 望みが叶えば「今より幸せ」と思っていませんか？

「願いが叶ったら今より幸せ！」普通はこんなふうに考えてしまいますよね。

引き寄せは「言葉選び」がとても重要！

「願いが叶ったら…」という言葉には「願いが叶っていない今は、幸せではない」という意味が込められてしまい、「幸せでない私」を強化してしまうのです。

なのでこう思いましょう。願いは叶った！ **今、私は幸せで最高〜！** ハッピーな思考はハッピーを呼びます。たかが言葉されど言葉……なのです！

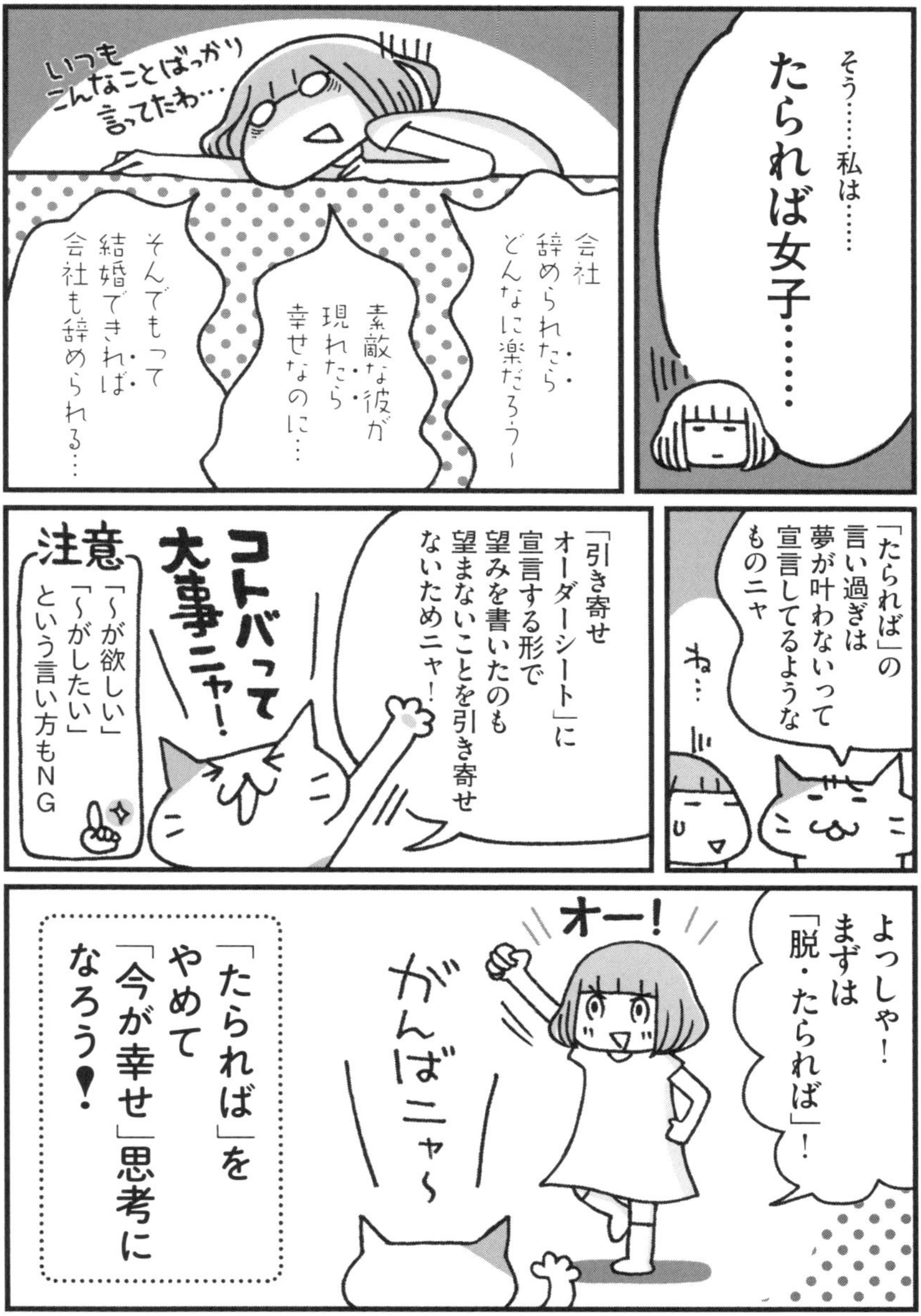

そう……私は……

たられば女子……

いつもこんなことばっかり言ってたわ…

会社辞められたら・・どんなに楽だろう～

素敵な彼が現れたら・・幸せなのに…

そんでもって結婚できれば・・会社も辞められる…

「たられば」の言い過ぎは夢が叶わないって宣言してるようなものニャ
ね…

「引き寄せオーダーシート」に宣言する形で望みを書いたのも望まないことを引き寄せないためニャ！

コトバって大事ニャ！

注意
「～が欲しい」「～がしたい」という言い方もNG
よっしゃ！まずは「脱・たられば」！

オー！

がんばニャ～

「たられば」をやめて「今が幸せ」思考になろう❣

09 「特別な人にならなければ」と思っていませんか？

「引き寄せに成功している人は、心の修行をして精神的に優れた人だけ。今の自分のままでは引き寄せられないのでは……？」

そんな風に思う必要はまったくありません！

引き寄せは、どんな人にも起こっている法則です！思考に似たものが返ってくるという作用自体は善い行いをしている人にも悪い行いをしている人にも同じように働いています。

返ってくるものが皆それぞれ違う、ということだけです。

「〇〇でなければいけない」という概念は捨てて、引き寄せを楽しみましょう！

みんなキラキラして見えるのよぉ〜
引き寄せに成功している人って人間的にも優れていてみんなから認められて
いつも人に優しく心に迷いのない素晴らしい人間なんだよ〜きっと！
よし！私もいい人になる！困った人を助けてくるよ！
一日一善
まちょてニャ
いい人になるのはいい！だけど！なんかちょっと勘違いしてるニャ〜！
「〜でなければ」という思いは固定観念となりよい引き寄せを邪魔してしまうのニャ
こうなっちゃダメ…
オレはいい人じゃない…引き寄せる価値がない…
引き寄せるために特別な人になろうとしなくてもいいのニャ！
今のままでいいんだ！
引き寄せはどんな人にも与えられたチャンス

10 引き寄せられないことを誰かのせいにしていませんか？

家がお金持ちじゃないから……。親が美人じゃないから……。仕事場の上司や先輩と性格が合わないから……だから望みが叶わない！

私が引き寄せられないのは、運命・宿命のせいだ！　そんな風に思っていませんか？

引き寄せられない原因が外側にあると考えているうちは自分が望む引き寄せは起こりません。まずはあなたが、あなた自身の存在を認めてあげましょう。現実を受けとめ、そして受け入れて！　自分自身を1番に愛してみましょう。

でもさ……
生まれもっての容姿と性格
これって引き寄せの足を引っ張ってるんじゃない？
ぶち ぶち
直せるもんでもないしさー…
じゃあ自分が幸せになれないのはかわいくないせい性格のせいお金持ちの家に生まれなかったせいそぉ～んな風に思ってたんだニャ？
まぁ若干…
「引き寄せられないのは自分以外のせい」
私なにも悪くないモン
そんな思いの裏側にはネガティブな感情が隠れています
ずっしリ
不平
不満
被害者意識
うえー
これって自分が苦しいだけニャよ～
引き寄せを起こすのは誰かでも何かでもない自分自身ニャよ！
うん！受け入れると楽になれそう！
すべてを受け入れてありのままの自分を好きになろう❣

11 「自分の夢が大きすぎる」と思っていませんか？

もし、あなたが掲げた「望むこと」が「大きな夢」と感じているとしたら、それは引き寄せられない罠にはまっていることになります。

そこには言葉にせずとも無意識に植え付けられた**「どうせ叶うことはないだろう」**という思考があり、それを発し続けることになるからです。

歌手になるのが夢なら、毎日ボイストレーニングをするとか、将来、会社の経営をしたいという人なら、経営学を学んでみるなど。夢の実現を信じて行動すると、大きいと思っていた夢が身近な未来に感じることができるようになります。

そういえば旅行好きの友達A子が――
私いつか世界一周旅行に行くんだ！
え〜〜〜費用とか休暇とか現実的に考えたら無理だよー
大きな夢持っちゃってそんなの無理無理〜なんて思ってたんだけど
A子は叶うことを信じていつも楽しそうに話してくれた
へ〜え..
もうすでに行って来たみたいに言うね
イタリア スペイン
ここのホテルの朝食ビュッフェは最高なの！こっちのホテルはアメニティが豊富！
絶対！行くとこリスト
1. バルセロナ
2. ローマ
3. イースター島
それから3年後A子は夢を叶えて世界一周旅行に！
行ってきまーす
ゴー
本当に行ったよ…スゴイ…
最初は「夢大きいかな〜」と思っても信じて行動するとだんだん身近な夢になっていくニャ
私もブライダル情報誌読も〜っと
ゼクシー
叶えられる自分を信じてあげよう！

12 「悪いこと」を違う角度から見ることができますか？

人に優しくされたり、良いことがあった時、感謝の気持ちが自然にわいて、幸せな気持ちになります。

では、悪いことが起きた時、あなたはどんな反応をしていますか？

イライラしたり、落ち込んだり…感情がネガティブに傾いている時は、否定的な感情しか浮かんでこないでしょう。

でも見方を変えて、感謝の気持ちに置き換えると、引き寄せ力が、ぐん！と強くなります。

頭を悩ませるようなネガティブな出来事も、あなたを成長させてくれる「経験」なのです。

残業してたら課長が
30部ずつのコピーとホチキスどめこれ1時間で終わる？
ハイ～……
そのあと…用紙は詰まるわトナーはなくなるわ時間内に終わるかどうか焦って
トナー交換なんてしたことないよ～！
あたふた
COPY
キィィィ～
なんで私がこんな仕事を！
となる
感謝の余裕なんてないわー
違う角度から見てごらんニャ！
イヤな仕事を受けたおかげでトナー交換を覚えることができて
でっ…できましたっ！
ゼハー
ありがとう助かったよ！
トラブルがあっても時間内にやり抜くことができたのニャろ？
「経験」と「自信」そして課長からはねぎらいの言葉ももらうことができたんだった…感謝、だね
起きたことすべてが自分にとっての成長材料だと思ったらいいニャ
見方を変えて「感謝」に変換してみよう！

第3章

自分自身を深く知ろう！

潜在意識を学ぼう

13 90%の潜在意識を使っていますか？

人間の意識は「顕在意識」と「潜在意識」でできています。

人が普段、頭で考えたり判断したりする顕在意識は意識全体のたった10％しかありません。それ以外の大半である潜在意識は、今までに自分に起きたことすべてを感情と共に記憶していて、活動しつつも自覚していない〝無意識〟や〝深層心理〟と呼ばれるところです。

意識全体の90％も占める潜在意識は、**計り知れない無限の可能性を秘めています！** ここぞ！という時に発揮する「火事場の馬鹿力」もそのひとつです。潜在意識を使うことを意識して引き寄せましょう！

先に
このことを知って
おかないと
前に進めないので
説明しておくニャ
ここどこ？
ここは
精神分析医
心の心理学者
フロイト博士が
人の意識を氷山に
見立てた
顕在意識の上ニャ
目標を立てても
なかなか達成
できないのは
この10％の意識しか
使ってないからニャ
どゆこと？
例えば
ダイエット頑張るぞ!!
よっしゃー
顕
目標を立てるのは
10％の顕在意識
その時90％の
潜在意識では
ポテチ
今までの経験から
どうせやせられ
ないさー
潜
9対1で
潜在意識の圧勝
この水面下にある
潜在意識は
みんなの行動と
引き寄せの鍵を
握っているのニャ！
意識って
奥が深いね
潜在意識を
最大限に
活かそう！

あなたのコンフォートゾーンはどこですか？

コンフォートゾーンとは、**潜在意識が決めてしまった安心領域のことを言います。**

自分が1番楽でいられる、とても居心地のいい場所。毎日変わらないこの領域がとても快適なので、人はなかなかここを抜け出そうとは思いません。

人は変化を恐れる傾向があります。**あなたの「夢が叶う」ことは「現状が変化する」こと。**自分の今のコンフォートゾーンを知り、外の世界へ1歩踏み出して、自分の望む場所へとコンフォートゾーンをどんどん広げてゆきましょう。

目を開けていいニャ
パチ
ここはみわのコンフォートゾーン！
お金がない…
彼ができない
キョロキョロ
仕事やめたい
女子力上げたい
楽しくない
どうせ私なんて
わっ！
不満ばっかり目につく！
不満があっても人は慣れた日常を心地よいと思うのニャ
これが安心領域《コンフォートゾーン》！
例えばお金に縁のない人が大金を手にするとすぐに使い果たしてしまうことがあるニャ
あれは安心領域へ戻ろうと潜在意識が働くからニャ
10000
10000
こんな大金持ってると落ちつかない……
潜
ほっ
逆にお金持ちの人が大金をなんとも思わないのは「お金を持つこと」が安心領域だからニャ
コンフォートゾーンを抜け出すことは自分の可能性を広げることなのニャ
よっしゃー
無意識に決めてしまっている自分の限界を抜け出そう！

15 望みが叶うことに恐れを感じていませんか？

コンフォートゾーンを抜け出せない理由。**それは潜在意識にひそむ「恐れ」と密接な関係があります。**

もしかすると、引き寄せられないあなたは心の奥底で、こんな不安や迷いを抱えているかもしれません。

・今手にしているものを失うのではないか。
・自分に手に入れる価値がないのではないか。
・望まないものを手にしてしまうのではないか。
・人からどう思われるだろうか。
・望みが叶ってしまうことで、誰かを傷つけるのではないか。

まずは自分の「恐れ」の存在に気づいてあげることが大切なのです。

恐れ!?
そんなのないよ！
私は本当に恋人が欲しいし幸せな結婚がしたいの！
それは顕在意識でね
ボン！
スクリーーンカモン！
ハイこれみわの心のビジョン
出会いは欲しいけど男性にフラれて傷つくのはいや…
結婚できても浮気されたらどうしよう！
イラストレーターになりたいけど自分の実力を知るのは怖い…
……
心の中恐れだらけじゃん…
みわは傷つくことを恐れるあまりコンフォートゾーンから抜け出せないのニャね〜…
そーゆーことか…認めますっ
ふむ〜
自分の中に恐れがあることを認めよう

16 恐れはどこから来るのでしょうか？

コンフォートゾーンを出ることを邪魔する原因が「恐れ」なら、一体それはどこから来るのでしょうか。

そこで出てくる大事な2つのキーワードが、**「煩悩」と「執着」**です。

「煩悩」とは、人間が持つ、欲そのもので、人はこれに翻弄され自分自身を悩ませます。「執着」とは、ひとつのことに心をとらわれ手放せなくなる状態です。

望みを持つことが引き寄せに不可欠と言いながら、なぜ「煩悩(欲)を強く願うこと(執着)」が恐れと関わり引き寄せの反作用となるのでしょうか。釈迦が悟りをひらいたエピソードになぞってお話ししてみましょう。

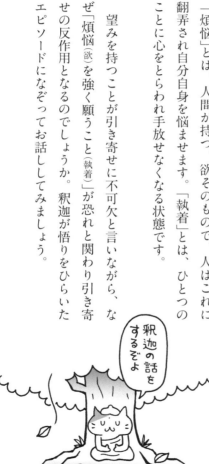

悟りをひらけず苦しんでいた釈迦のところに引き寄せの伝道師が現れた！
なぜ悟りを開けん！もうやめた！
いいこと教えたろか？
だれ!?
あんたなぁ自分を苦しめてるのは恐れやつまり煩悩悟りたい！ちゅう執着に縛られてんのよ
わしのことはカピバラ先生と呼んでなら
その後、菩提樹の下で瞑想中釈迦は気づきました
欲望のエネルギーが強いほど人間は苦しくなる！悟りをひらくには恐れ…つまり煩悩と執着を解放すればいいのだ！
つーまーりー
煩悩・執着
欲しい！欲しい！
まだ引き寄せられない！
焦り
不安
という思いの裏に「手に入らなかったらどうしよう」という恐れが隠れています
不安や焦りはツラいやろ？それやったら「ツラい」しか自分とこに返ってこないやん？
おお弟子よ
お久しぶりですカピバラ先生！
この本に書いてあることやりながらいつか叶うやろ〜と思ってるくらいがちょうどええんやで〜
カピ…？
自分を信じ焦らず引き寄せを待とう！

第4章
受け入れられる自分になるために
メンタルブロックを知ろう

17 引き寄せを阻むメンタルブロックを持っていませんか？

メンタルブロックとは、**行動を起こす際に、ネガティブな思い込みにより、無意識に働く心のブレーキのことを言います。**

「引き寄せよう！　夢を叶えよう！」、顕在意識では前向きにポジティブでいるはずなのに、潜在意識では心のブレーキが働いて「どうせ無理だ。叶わないさ」と心を否定的なほうへと動かして願望実現を阻んでしまうのです。

メンタルブロックの典型的な事例の「エレファントシンドローム」というお話があります。そのエピソードを少しのぞいてみましょう。

釈迦の次は何？どこ!?
キミこのサーカスの新入り君かい？
象！私一緒に繋がれてる！
ロープを解いて一緒に逃げよう！
それは無理ですよ子どもの頃から何度も逃げようとしたけどロープを切ることはできませんでした逃げるなんて絶対にできないんです
キミはもう大人の象だよ！力づくでロープ切れるってば！
過去にメンタルブロックがつくられた
うーん
ちょっと待っててね
？
うんしょ
ほらね♡
うそー！
晴ればれした気分～♪
象も無事に心のブレーキを外したニャ！
よかったー
ブチッ
メンタルブロックは自分にかけられたマイナスの暗示

18 メンタルブロックはいつできるのでしょうか？

メンタルブロックは潜在意識と深く関わっています。意識全体の90％という圧倒的支配力を持ちながら、なぜ前に出てこないのか…

それは顕在意識と潜在意識の間に**クリティカルファクターという膜があるからです。**

クリティカルファクターができはじめるのは8歳くらいから。まだそれができていない幼少期のこの年代は、潜在意識が無防備でトラウマもできやすい状態です。

この膜は物事の価値判断を行ったり、何かあった時に感情を抑える心の門番のような働きがあります。人はこの膜があるおかげで、社会の秩序を守り普段の生活を送ることができるのです。脱・引き寄せの法則を行うために、この膜の下のメンタルブロックを外していきましょう！

ここ どこだか わかる？
10％の 顕在意識の 上でしょ？ 下には90％の 潜在意識
そう！ 普通大人になると この海面より下には 潜れないんだけど…
子どもの意識は 行き来が自由！
0〜8歳くらいまでの意識
顕在意識ゾーン
ザバ
プハー
とおっ
ブクブク
自由ニャ！
成長すると ここに膜が できる！
むしろ潜在意識のほうが 優位な状態で生活を送る！
スイ〜
ここは 無防備！
潜在意識ゾーン
ポジティブなもの ネガティブなもの 見聞きした経験や感情はすべて
ショック
20点
おもしろい
うれしい
イタイ
善し悪しに関係なく 刷り込まれて いきます
子どもの頃に受ける ネガティブな出来事は インパクトが強く 大人になってからできる メンタルブロックよりも 深く残ってしまうのニャ
子どもの頃の 経験や見聞き したものって 大事なんだね
メンタルブロックは 幼少期の ネガティブな経験 からつくられる
プカ〜

19 親のひと言に傷ついたことがありませんか？

例えば子どもの頃、親が放ったひと言。

強烈で傷ついた言葉は、大人になっても覚えていることがあるかもしれません。でも、なにげないネガティブなひと言は案外覚えていないものでしょう。**どちらも、その後の自分の心の選択によっては、メンタルブロックとなる可能性があります。**

そんな「遠い昔の些細なこと」と思えるようなことが、潜在意識にとどまって、引き寄せの邪魔をしているのです。

みわ 小学生
ただいまー
自転車が欲しいな
ダメー
危ないし乗れっこないわよ〜
……
テストで満点とったらおこづかい上げて〜
犬を飼いたいなぁ〜
とれるわけないしまだ早いからダメよ
ダメー
あんたに世話ができるわけない！
パッパラ〜
ハイッ
思い込み形成〜！
もしかして……
私ってなんにもできない子!?
ガーン
幼少期の思い込みで今のみわがつくられ
みわの現在
あわわ〜
またミス！私なんでこんなに仕事ができないの〜
タイプ〜♡だけどうまくいく気がまったくしない…
大人になってメンタルブロックが強化されていくニャ
また夢…見せられてたぁ〜？
ポケ〜
むく
ブロックの原因は自分の選択だと気づくのニャ〜
きちんとメンタルブロックを解放すれば！今からでも十分引き寄せられるのニャ！
なにげない思い出が自分への制限をつくり出している

20 子ども社会の影響力を知っていますか？

学校では先生や友達とのふれあい、放課後にはクラブ活動や塾通いなど、子どもには毎日が経験のオンパレード！

子ども社会で起きるたくさんの出来事から「これはしていけない」「これはこういうもの」などのルールやモラルを学んでゆきますが、**その教訓があなたを制限する思い込み（＝メンタルブロック）となる可能性があります。**

人間関係の他にも、テレビや本、アニメ、インターネットからの情報も、幼少期の潜在意識には深く影響するものと考えられています。

んー……
子どもの頃に親以外で影響を受けるテレビ、本インターネット……
ほかにも学校の先生や友達とかニャ
あ…
今思い出したんだけど
みわ 小学生
好きな男子に初告白！
好きです！
サンキュー
バレンタインチョコ
翌日クラス中にバレて
0月△日(火)
ヒューヒュー
みわ 山田
みんなに言っちゃった～
なぬ
うへへ
私の秘めた恋心一瞬でこっぱみじん
そして担任がクラス全員の前で……
青春だな!! はははは
みわは山田が好きなのか！青春っていいなぁ！
男って無神経!!
なんか腹立つ
モヤ モヤ
小学生にして男にゲンメツした私
これってもしや…
男性に対するメンタルブロック！
「男は無神経」という思い込みが潜在意識に残ってるかもしれないニャ
家ん中飽きた～散歩にでも行こうニャ～
人生で学んだ教訓がメンタルブロックになることもある

21 あなたはポジティブな思考を選んでいますか？

私たちが人生で何かの体験をする時、様々な反応・感情がわき起こります。それは10人いれば10通り。同じ出来事でも、それに対する反応は人それぞれです。

信念や価値観、物事の見方・捉え方などが人によって違うことを「思考パターン」と言います。

あなたの思考パターンはネガティブに反応することがクセになっていませんか？　思考パターンをポジティブに変えるととても生きやすくなり、引き寄せもうまくいくようになります。

さてと お次はなあに？
散歩 気持ち いいねー
次は 思考パターンに ついて話そうと 思うんだけど…
あっ！
みわ！ 足元 気をつけて！
ぎゃ！
おそかったニャ…
ガッ
オットットットッ…
ピタ
ビックリした～
えー
も～！
なんでこんなとこに 石があんのよっ！ 転ぶトコだったじゃん!!
はいっ ここで 思考パターンの 説明をするニャ
今 みわの感情は 「怒り」つまり ネガティブに 反応してるニャ
え!?
「転ばなくて 良かった」という ポジティブ思考も 選ぶことが できる ニャよ～？？
石はなんも 悪くないニャ？
う… そうだね…
何かが 起きた時は 「良かったこと」に 目を向けて！ ポジティブを 選んでいこう！
ケガも しなくて 良かった♡
良かった探しで 思考パターンを ポジティブに

22 どうして人はネガティブに反応しがちなのでしょうか？

幼少期からの記憶は潜在意識にすべて保存されています。その記憶は日常生活で思い出すことはなくても、**潜在意識の中ではたえず現実に投影されているので、思考や行動に無意識に表れます。**

例えば、小さくてかわいい子犬を見ても過去に犬に噛まれて怖い思いをした経験があると「犬は怖いもの」という価値観のフィルターを通して見るので触ることができません。思い込み（メンタルブロック）が優位に働き、人によって違う反応や価値観をつくり出すのです。

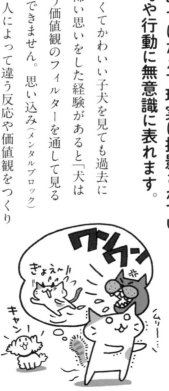

人によって
思考パターンが
分かれてしまうのは
ナゼ？
経験したことすべてを保存した
記憶のDVDがあるとしよう！
膨大な
DVD！
DVD
トラウマ
集
DVD
うれしい
こと集
DVD
悲しかった
こと集
など
潜在意識は再生し続ける
DVDプレイヤー！
▶PLAY
潜在意識は
絶えず再生を
くり返し現在に
投影している！
みわの再生中の
記憶を
のぞいてみよう！
びえー！
でろー
石につまずいて
アイスクリーム
落としてる…
だから私さっき
あんな反応した
のか…！
どうして
こんなとこに
石があんのよっ！
ささいなことでも思考パターン…
変わるもんだね…
思考パターンを
プラスに動かすのも
マイナスに動かすのも
この再生プログラムの
せいニャ！
ICECREAM
アイスくださいっ
Menu
記憶のDVDは
催眠セラピーや
自分でできる
セルフワークで
書き換えができる
から安心してニャ！
（P77 第5章）
ネガティブな
思考パターンの原因は
反応する自分の
内側にある

24時間ネガティブトークしていませんか?

思うようにいかない時や嫌なことがあった時「**私のせいじゃない**」「**どうせ無理**」と思ったり、人の悪口や舌打ちなど無意識に発していることはありませんか?

ネガティブトークは落ち込んだ気分を発散して一時的なストレスの解消になるかもしれませんが、引き寄せの観念からいうとあまり良いものではありません。

潜在意識は他人に対するネガティブトークと自分に対するネガティブトークの区別をつけずに受け入れます。それがくり返されると、その度に否定的感情の正当化が行われ、なんの気なしに出ている口癖が、ネガティブな思考パターンを強化する原因となるのです。

飲み会で
愚痴
ギャハハ
もう〜
聞いて
ヨオ〜
課長が〜
ガールズトーク
悪口
あの子
新人の
くせにさ〜
えー
まじ
ひとり言
口癖
仕事…
今日中!?
ムリムリ
ムリムリ
社内メール↓
わ——
ほかにも私
言ってるわ〜
だるい
ムカツク〜
私のせいじゃ
ないのに…
ムリ!
あの俳優イケメンだけど
なぜか好きになれないな…
男ってやつは!
私に
できるわけ
ない
つかれた〜
無意識に
発している
ネガティブトークは
なかなか自分でも
気づきにくいニャ
自分に呪いの言葉
かけてるのと同じニャ
これも
思考パターンに
よるものニャ
言い過ぎると
本当に
引き寄せられ
ない体質に
なっちゃうね
あーん
気をつけよ…
くり返される
ネガティブトークは
思考パターンを
マイナスに強化する

24 苦手な人はどんな人ですか？

今、あなたの周りに、ちょっと苦手だな〜と感じる人はいませんか？

その理由としてあがるのが「価値観の違い」です。価値観のズレを感じた時に生じるネガティブな思いが、相手の鏡に投影されると、その結果、気になるところだけが反応して自分に返ってくるのです。つまり自分自身の思考のクセを他人を介して見ているだけで、周りにいる苦手な人は**あなた自身が引き寄せているのです。**

「人はこうあるべき」というメンタルブロック（固定観念）を解き放つと、相手へのこだわりや気になる部分が消え去り、ハッピーでいい気分の自分しか鏡に映らなくなります。すると、いつの間にか好きな人ばかりが自分に引き寄せられるのです！

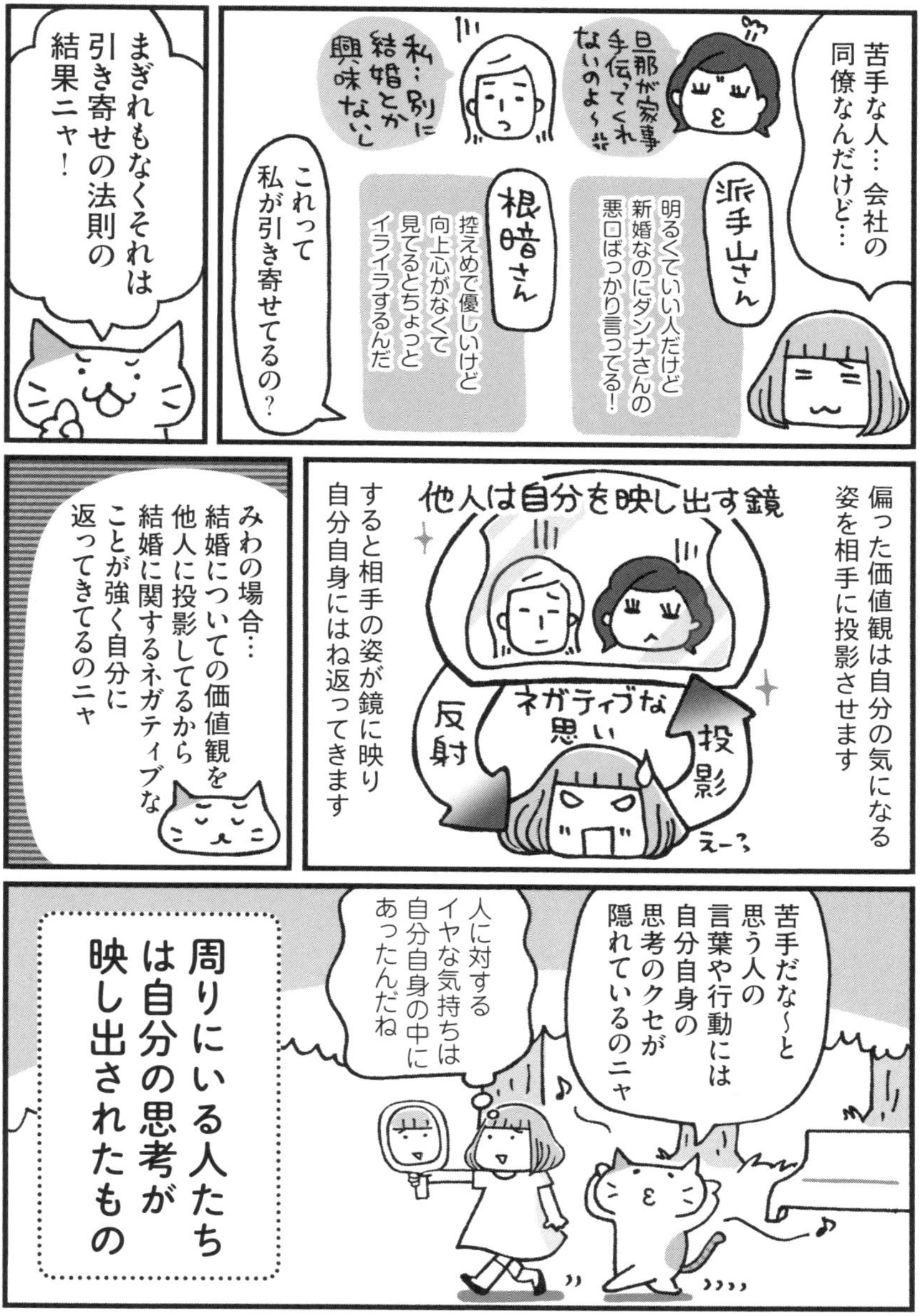

苦手な人… 会社の同僚なんだけど…
旦那が家事手伝ってくれないのよ〜!!
派手山さん
明るくていい人だけど新婚なのにダンナさんの悪口ばっかり言ってる!
私…別に結婚とか興味ないし
根暗さん
控えめで優しいけど向上心がなくて見てるとちょっとイライラするんだ
これって私が引き寄せてるの?
まぎれもなくそれは引き寄せの法則の結果ニャ!
偏った価値観は自分の気になる姿を相手に投影させます
他人は自分を映し出す鏡
ネガティブな思い
投影
反射
えーっ
すると相手の姿が鏡に映り自分自身にはね返ってきます
みわの場合…結婚についての価値観を他人に投影してるから結婚に関するネガティブなことが強く自分に返ってきてるのニャ
苦手だな〜と思う人の言葉や行動には自分自身の思考のクセが隠れているのニャ
人に対するイヤな気持ちは自分自身の中にあったんだね
周りにいる人たちは自分の思考が映し出されたもの

25 本当は「願いを叶えたくない」と思っていませんか？

願いを叶えたくないなんてあるわけないでしょ！　と思うかもしれませんが、潜在意識は思いも寄らない形で自分を苦しめている場合があります。

それは**メンタルブロックのさらに下に隠れた、2段階目のブロックの存在です。**

これは「二次的利得」と言って、メンタルブロックを手放さないようにしている隠れ抵抗です。二次的利得は「夢が叶わなくてもこんなメリットがあるよ♪」と望みが達成できないことを正当化する働きがあります。「元々あったメンタルブロック」＋「二次的利得」というダブルで作用するのでかなり強力な反作用となります。では、それは具体的にどんなブロックなのでしょうか。

ただいまニャ
ただいま〜
歩いたら お腹 すいた ニャ 何か つくって くれニャ
えー私 料理苦手〜
じゃあ〜 ピザの宅配 とろう!
PIZZA
Delivery
デリバリーとか コンビニとか 本当に便利〜♪ でも結婚したら ちゃんと料理 しないとね…
ははは…
びろーん
それ もしかして もうひとつの隠れた ブロックかもニャ?
え? もうひとつ?
「結婚しなければ このまま気楽な ひとり暮らし♪」 という利点が メンタルブロックと くっついて さらに 引き寄せを 邪魔してるのニャ
うまいニャ
たしかにひとりなら 苦手な料理しなくて いいけど…… でっ でも! 結婚したいの!
ふふふ でも大丈夫! 料理好きな 男子を 引き寄せるって 手もあるニャ
自分で気づきにくい 二次的利得は 5章の10の質問で 掘り下げよう❢

第5章

メンタルブロックを解放しよう

実践、セルフワーク!

10の質問に答えて自分を見つめなおそう！

26

簡単な質問に答えてメンタルブロックを見つけていきましょう！

次に行う10の質問はついついやってしまうネガティブな行動や思考パターンを振り返り、自分ではなかなか気づけない偏った価値観や思い込みによってできたメンタルブロックがどんなものかを知る「自己分析ワーク」です。

次のページの
10の質問で
あてはまるものに
チェックをするニャ!

質問のタイトルに該当したらチェック

check ○○反応

さらに細かなチェック

どんなメンタルブロックが
潜在意識に隠れてる!?
それを知り、セルフワークで解放すれば
キミも引き寄せ難民から脱出ニャ!

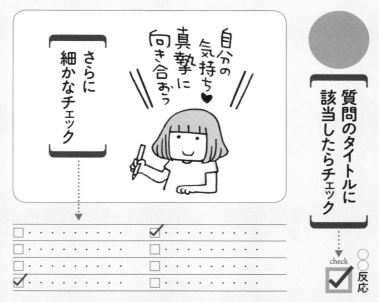

1 人から言われると平常心でいられなくなる言葉はありますか？

ワード反応

check □

(　　　　　　　　)の言葉を聞くと・・・

□ついカッとなる　□涙が出てしまう

□鼓動が激しくなる　□深く落ち込む

［その他：　　　　　　　　　　　　］

2 劣等感を抱いていることはありますか？

コンプレックス反応

check □

□学歴　□収入　□経済力

□スタイルがよくない　□容姿に自信がない

□能力が人より劣っている

［その他：　　　　　　　　　　　　］

3

他の人はなんとも思わないのに自分だけなぜか好きになれないものはありますか？

わたしは女子だけど
なぜかリボン🎀がキライです…

check

嫌悪反応

□自然（山・川・海）　□高い場所
□狭い場所　□虫　□動物
□人気タレント、俳優　□特定の食材
［その他：　］

4

これだけは許せない！ガマンできないことはありますか？

合コン！
行く行く！
もちろん
彼氏には
ナイショよ～ん！
ピキーン！
男にルーズ！許せんっ

check

憎悪反応

□偉そうに上から命令する　□お金にルーズ
□自分のことばかり話す　□人間関係にルーズ
□人によって態度を変える　□大声で話す
［その他：　］

5 つい気になってしまうネガティブなテーマはありますか？

ネガティブテーマ反応

check □

□芸能人のスキャンダルやゴシップ　□離婚
□他人の悪口　□家庭内暴力　□不倫
□虐待　□薬物中毒　□災害
［その他：　］

6 同じパターンのトラブルをくり返してしまうことはありますか？

トラブル反応

check □

□夫婦（友人、家族、仕事場など）で同じ理由でケンカをする　□仕事で同じミスをする
□同じような人と破局をくり返す
［その他：　］

7 家族に対して嫌悪感を抱いていたことはありますか？

（もしくは現在抱いている）

□親の離婚問題　□親の浮気問題
□親から嫌われていると思っていた
□親からの暴力・暴言　□口うるさかった
□期待をかけられプレッシャーを感じていた
［その他：　　　　　　　　　　　　　　　］

check □ 家族反応

8 変えたくてもなかなか変えられない自分の性格はありますか？

□ダイエットが成功しない　□遅刻しがち
□タバコ（お酒、ギャンブル）がやめられない
□お金や物の貸し借りの返却にルーズ
□自己啓発の勉強をしても変わらない
［その他：　　　　　　　　　　　　　　　］

check □ 克服反応

9 トラブル時に無意識に出てしまうネガティブな言葉はありますか？

□むかつく　□面倒くさい　□時間がない
□私ばかり〜　□どうせ〜　□だって〜
□無理　□私は悪くない　□最悪　□できない
［その他：　］

check □ 口癖反応

10 トラブル時に無意識に出てしまうネガティブな行動や態度はありますか？

□舌打ち　□物に当たる　□眉間にしわ
□ムッとする　□無視をする　□黙り込む
□目を合わせない　□ため息をつく
［その他：　］

check □ 行動反応

メンタルブロック解説

1 【ワード反応】
あなたの心の傷に強く反応しています。過去にそのワードに関わるトラウマがあるのかもしれません。

2 【コンプレックス反応】
向上心を持つ反面、コンプレックスが深刻になると自己否定をつくり出す可能性があります。

3 【嫌悪反応】
幼少期にそれにまつわるトラウマがあるのかもしれません。あるいは単なる好きか嫌いかの問題かも？

4 【憎悪反応】
「こうあるべきだ」「自分はそうならない」「されたくない」というこだわり・恐れが反応しています。

5 【ネガティブテーマ反応】
世間で起こる出来事に対する嫌悪反応。あるいは、そのテーマに関して不安や恐れがあり「自分は大丈夫」と確認するために反応しています。

6 【トラブル反応】
毎回同じトラブルが起こるならメンタルブロックの可能性があります。そしてそれがコンフォートゾーンになっているかもしれません。

7 【家族反応】
生まれた時から一番多く接する家族間の心の傷はトラウマをつくり潜在意識に深く刻まれている可能性があります。

8 【克服反応】
「どうせ無理」「諦め」がコンフォートゾーンである可能性があります。変化を恐れているのかもしれません。

9 10 【口癖反応】【行動反応】
とっさに出る否定的な言葉・行動は、あなたの隠れた心の内側を表しています。ストレスなどから来る一過性の場合もあります。「直そう」と意識して改善できなければ、メンタルブロックである可能性があります。

あなたの行動、発言、思考は潜在意識に保存された出来事や感情が影響しています。質問についたチェックから潜在意識のメッセージを受け取ってください。

解放したいメンタルブロックを決めましょう

10の質問の結果から
あなたのメンタルブロック（ネガティブな感情）が
どんなものだったか、わかりましたか？
「○○に恐れを抱く気持ち」「○○に対する悲しみや憎しみ」
「自分自身を好きになれない」など
解放したいと思う感情を決めましょう。

自分に合ったセルフワークを行って
メンタルブロックを解放していきましょう！

体のコンディションを最適に

体調が悪いとなかなか気持ちを集中させることができません。無理をせず体調のいい時に行いましょう。

では、はじめてみましょう！

落ち着けてひとりになれる場所で行いましょう

気持ちを邪魔されず、リラックスして
ワークを行えることが大事です。

途中でやめてもOK！

「途中でやめたい」そう思ったときは中断しても構いません。
日をあらためるのも再開するのも自由です！

信じる気持ちでやってみよう！

「このワークを受け入れて私は変われるんだ」という気持ちで
楽しんでください。行ったワークは必ず潜在意識に届いています。

27 ペンテクニック

怒り、憎しみ、悔しい気持ち、劣等感、脱力感……。

そんな思いばかり抱えていては引き寄せることはできません。

「ペンテクニック」は、身近な物を使ってネガティブな感情を手放すことができる、とても簡単なセラピーです。

固定観念にとらわれない、自由で前向きな自分を取り戻しましょう！

用意するもの

ペン1本

ペンテクニックのやり方

ペンを握って体の前に持ちます。

❶目を閉じ、ゆっくり深呼吸をします。

❷手放したい感情に意識を向けましょう。
　そして、次のフレーズを言います。

『この感情は私がつくり出したものだ』

❸自分に問いかけをします。

『この感情を持ち続けたいか？ 手放したいか？』

❹感情を手放したい！と思ったらこのフレーズを言います。

『この感情を手放します！』

❺指の力を抜いて、ペンを床に落とします。

持ち続けていた感情が
ペンと一緒に床に落ちて
自分から離れていくイメージを
すると、より実感できるニャ

あっけなく落ちたペンのように いつでも簡単にポジティブになれる！ということを、潜在意識に刻みましょう。

28 サンキューエモーション

人はネガティブとポジティブ両方の感情に同時に支配されることはありません。ネガティブな感情が優位に立っている時に意識的にプラスの思考を流すと、ポジティブな思いが優位になります。

私たちがこの宇宙に存在していること自体とても奇跡的で素晴らしいこと！　今まで起こったネガティブな経験は、自分が成長するための糧です。周りには自分を愛してくれる人がいることを感じてください。そのことに「感謝」して心を解放しましょう！

サンキューエモーションのやり方

❶リラックスした体勢で行います。

❷自分の中にあるネガティブな感情に意識を向けます。

❸この感情を手放したい！と強く意識します。

❹感謝の気持ちを込めて次のフレーズを言います。

**『天と地、人に感謝します
ありがとうございます』**

感謝の気持ちで心が満たされて、今までのネガティブなことが消えていくのを感じてください。継続していくと思考パターンがポジティブに変化していきます。

29 雲のヒーリング

手放したい気持ちや感情を視覚化して、壮大な青空に浮かぶ雲とともにその気持ちを連れ去ってもらうヒーリングワークです。

視覚化とは、実際には目に見えないものを形にして表すことを言います。あなたを苦しめる悪いヤツはどんな形をしていますか？　トゲトゲしたバイ菌のようなもの？　それとも黒い煙のようなもの？　自由に視覚化して構いません。体の中からその感情をすべて追い出してしまいましょう！

雲のヒーリングのやり方

❶青空を見上げてください(イメージでも可)。
果てしない壮大な広がりと空の青さに意識を向けましょう。

❷深呼吸をして目を閉じます。

❸手放したい感情に意識を向けたら、その感情を視覚化します。

❹次のことに注意をしながら吸い吐き(鼻で吸い口で吐く)を行います。

〚吸う時〛——胸の中に空の青さを取り入れて浄化されていくイメージをします。

〚吐き出す時〛——視覚化した感情を体から追い出すイメージで、ふーっと思い切り吐き出して、それが雲の中に消えていくのを感じてください。

❺イメージの中でその雲が自分の視界から流れて消えるまでを思い描きます。

視覚化した感情が体の中からすべて出ていった!と感じるまで、疲れない程度に、くり返し吸い吐きを行ってみましょう。

30 つぼトントンセラピー

［脱・引き寄せの法則簡易版EFT］

ＥＦＴ（Emotional Freedom Technique）と呼ばれる感情解放テクニックです。アメリカの心理学会の基準を満たした信頼のおけるセラピーで、うつやトラウマの治療に効くと認知されています。体の不調に鍼やお灸を用いて治療するのと同じで、ＥＦＴは心に効くツボを刺激して気の流れを整えてゆきます。

これを「脱・引き寄せ版」にシンプルにした方法で、あなたの心に潜むメンタルブロックを解放し、引き寄せをしていきましょう。なお、このセラピーはエネルギーを整えるのでのどが乾くことがあります。水分補給は忘れずに行ってください。

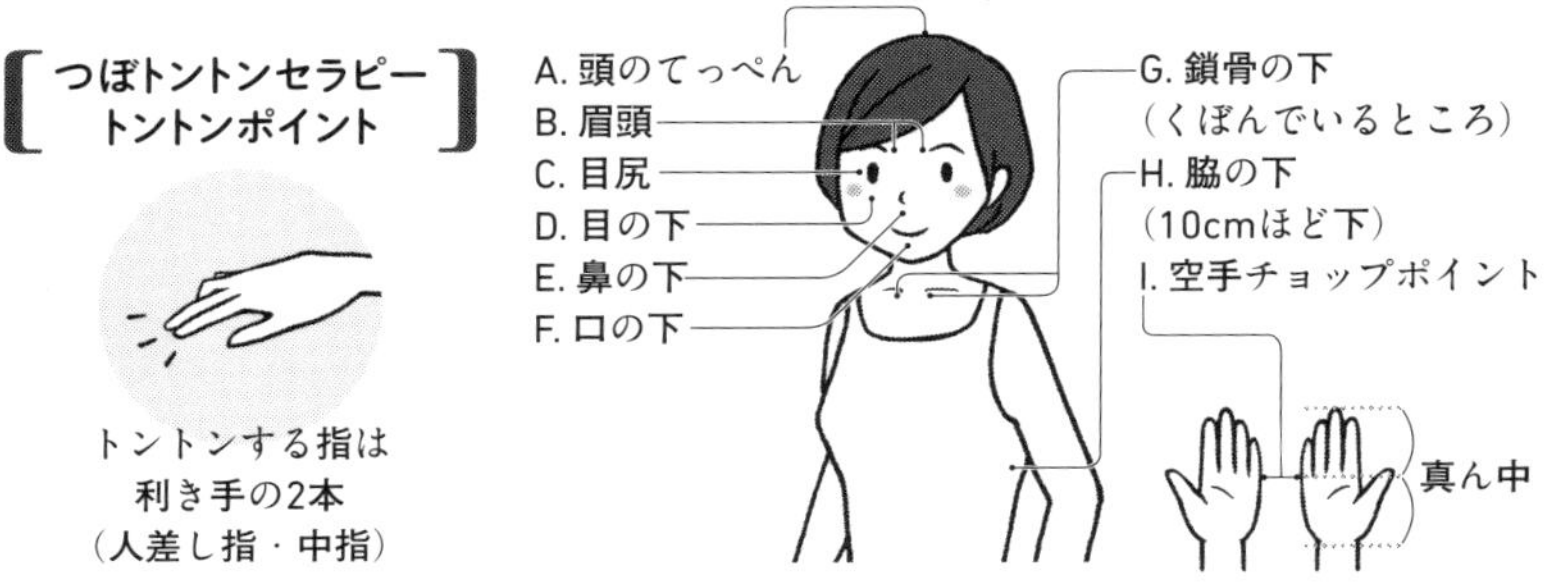

［つぼトントンセラピー
トントンポイント］
トントンする指は
利き手の2本
（人差し指・中指）
A. 頭のてっぺん
B. 眉頭
C. 目尻
D. 目の下
E. 鼻の下
F. 口の下
G. 鎖骨の下
（くぼんでいるところ）
H. 脇の下
（10cmほど下）
I. 空手チョップポイント
真ん中

1. 引き寄せたいと思うものを心に決めます

◉下のフレーズの○○に「望むこと」を当てはめて
それを声に出して唱えてください。

**『私は○○を
手に入れてもいいだろうか』**

私は
「結婚前提で
お付き合いできる
理想の人」を
手に入れても
いいだろうか

2. ネガティブな感情に意識を集中させます

◉「望むこと」の引き寄せをブロックする原因となった感情を
思い出してみましょう。

悲しい悔しい
怒りや憎しみ
思うがままの
感情をリアルに
思い出して
みよう！
ナニ!?
しかもメールで…
じゃ！
TO みわ
From ダーリン
さようなら
疲れたから別れたい！ごめん！
ひろし
フラれた時のこと思い出した～！

3. ネガティブな感情に点数をつけます

◉わき上がるその感情に点数をつけてみましょう（0〜10点）。

平常心でいられる
気持ちの不快度数最大
0
1
2
3
4
5
6
7
8
9
10
ここ！

4. セットアップフレーズを唱えながら つぼをトントンします

◉セットアップフレーズを作成します。

「ネガティブな感情」+「受け入れる」で構成してください。

例 「恋人ができることに不安があるけれど
そんな自分を愛し完全に受け入れます」

◉セットアップフレーズを声に出して言いながら、P94のIのポイントをトントンします。

5. ネガティブフレーズを唱えながら つぼをトントンします

◉ネガティブフレーズを作成します。

4で作ったセットアップフレーズに対して、潜在意識から解放したい、消去したい思いを言葉にしてみましょう。言葉は複数でもかまいません。

例
「理想の恋人ができるのか心配」「現実味がない」

「どこで男性に出会えるの？」「ちゃんと付き合える？」

「相手から好きになってもらえなかったらどうしよう」

「浮気されたらどうしよう」「フラれるのは怖い」

◉ネガティブフレーズを声に出して言いながら、P94のA～Hのポイントを軽くトントンします。
（1箇所につき1フレーズ×20回程度トントン）

コツは、トントンしているところから潜在意識に植え込まれたメンタルブロックを叩き出してるイメージでね！

6. ポジティブフレーズを唱えながらつぼをトントンします

◉ポジティブフレーズを作成します。願いが叶った理想の自分を潜在意識に植え付けるような言葉をつくりましょう。

例

「ステキな恋人ができ、結婚できた！ 私は幸せです！」

「毎日がラブラブ♡」「超ハッピー！」

「順調で楽しくてしかたない！」「充実感ハンパない！」

「いつも大好きだよって言ってくれる」


◉ポジティブフレーズを声に出して言いながら、P94のA～Hのポイントを軽くトントンします。

（1箇所につき1フレーズ×20回程度トントン）

7. もう一度感情に点数をつけます

◉**3**の要領でもう一度感情に点数をつけ、前回からどれだけ下がったか確認してみましょう。

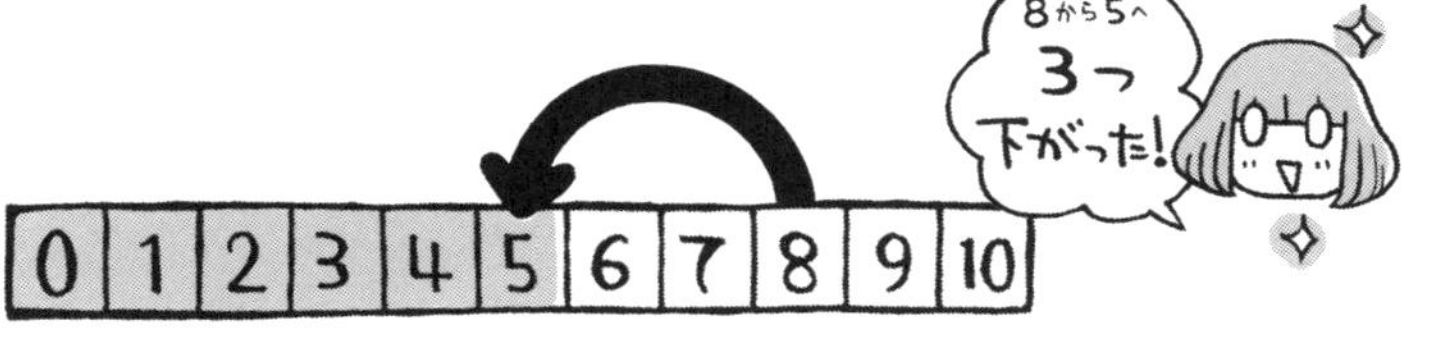

＊点数が下がらない場合は**2**に戻りセラピーをくり返すか、フレーズを変えて試してみましょう。

感情の点数が少しでも下がり「楽になったな～」と思えれば心が解放され効果があった証拠です。ミネラルウォーターの水分補給と深呼吸をしながら無理なく行いましょう。

31 ぬいぐるみを使ったインナーチャイルドワーク

インナーチャイルドとは「内なる子ども」と言われ、幼い頃に傷ついたまま成長を止めてしまった、潜在意識の中に存在している「幼いあなた自身」です。

ぬいぐるみをインナーチャイルドに見立て、話しかけたりなでてあげたり共感をして癒やすと、それがトラウマやメンタルブロックの解放になります。大人になったあなたが親になったつもりで、優しくインナーチャイルドを癒やしてあげてください。

（＊現在心療内科に通院中または心のお薬などを服用されている方は、トラウマを想起するとつらくなる場合がありますので、インナーチャイルドワークは行わないでください。）

用意するもの

紙

ペン

ぬいぐるみ（かわいいと思えるもの）

＊なければ愛着のあるマスコットでもOK

1. 解放したい感情をひとつ決めます

◉恐れや自分の嫌いな部分、感情をひとつ紙に書き出します。

例

「劣等感をいつも抱えている」
「いつも孤独を感じている」
「マイナス思考の自分が嫌い」
「お金がなくなることへの不安」
「異性に甘えることができない」など

26の「10の質問に答えて自分を見つめなおそう！」でチェックした項目を参考にするといいニャ！

2. インナーチャイルドに会いに行き ぬいぐるみと同化させます

◉目を閉じて次のことを思い浮かべてみましょう。自分の中に幼い自分がいるとしたらどんな表情でどんな服装？ どんな気持ちでいるでしょうか。

はっきりとイメージできなくても
存在を感じて！ 想像でもいいニャ！

◉ぬいぐるみを、思い浮かべた幼い頃の自分だと思い対面してください。

ぬいぐるみは床に置いても抱きしめてもOKニャ！

3. ぬいぐるみに今の自分の気持ちを伝えます

◉あなたの心からの言葉で今の思いを伝えてみましょう。

例

今まであなたのことを知ろうとしなくて
本当にごめんね。
さびしかったよね。苦しかったよね。
そんな気持ちをわかってあげられなくて
ごめんなさい。
これからはあなたの存在をずっと感じて
たくさん愛情を注いでいくからね。

4. ぬいぐるみに語りかけを行います

◉ぬいぐるみがどんなことを思っているのか聞いてあげましょう。

無条件の5つの愛の語りかけ

❶何か伝えたいことはある？
❷どんな気持ちをわかってくれたらうれしい？
❸何かして欲しいことはある？
❹私があなたにできることは何？
❺触ってほしいところ、なでてほしいところはある？

5. ぬいぐるみの気持ちを受け止めてあげます

◉**4**で、ぬいぐるみが言ったことを受け止めてあげます。「抱きしめてほしい」などの要望にも応えてあげましょう。

例

今まで
さびしくさせて
ごめんなさい！
これからは
話もたくさん
聞いてあげるよ！

例

大好きだよ！
愛してるよ！
また会いに
くるからね！

◉ぬいぐるみに安心感を与えたら、愛してること、そしてまた会いにくることを伝えます。

6. ぬいぐるみの感情を感じてみましょう

◉ぬいぐるみが満足感を感じていればこのワークは終了です。

しばらくの間、ぬいぐるみと一緒に寝たり
なでてあげたりしてください。
あなたのインナーチャイルドは癒やされ
愛されていると感じ、あなた自身も
心から満たされていきます。

32 出さない手紙を使ったインナーチャイルドワーク

子どもの頃、自分の感情を押し殺して言えなかったことはありませんか？

両親の言うことをだまって聞いてきた（言いたいことがあったのに！）。友達を許してあげた（本当はすごく怒ってたけど！）。素直に謝れなかった（ゴメンって本当は言いたかった…）。

相手に伝えられなかったことが残っていると、「本当の自分をわかってもらえていない」という思いがつのり、あなたの中のインナーチャイルドは悲しいままでいるのです。手紙を相手に送るという擬似的なワークを行うことで「気持ちが伝わった！　嬉しい！」という記憶に置き換わり、インナーチャイルドが癒やされ、自分自身も満たされるのです。

用意するもの

便せん（紙）

ペン

1. 手紙を出す相手を決めます

◉「本当はこうしたかったのに」「本当はこう思っていたのに」言いたいことが言えなかった、そんな思いを抱えている相手をひとり決めてください。

複数いる場合はひとりにつき1通の手紙を書くニャ！

2. インナーチャイルドに会いにいきます

◉目を閉じて思い浮かべてみましょう。自分の中に幼い自分がいるとしたらどんな表情でどんな服装？ どんな気持ちでいるでしょうか。

◉インナーチャイルドにこう伝えます。

『○○さん（手紙を書く相手）に
あなたの本当の気持ちを
手紙に書いて
伝えてあげるからね』

◉そのことがしっかりインナーチャイルドに伝わったと感じたら、目を開けてください。

3. 手紙を書きます

◉1で決めた相手に、伝えたかったことを手紙にしましょう。

パソコンやワープロを使うのではなく
五感の"手で書く"ことで
より一層潜在意識にアプローチするのニャ！

4. 手紙を届けるアクション

＊ここでは〔方法1〕か〔方法2〕どちらか好きなほうを行ってください。

〔方法1〕——

◉目を閉じ、相手に手紙を送るイメージをします。

ポストに投函する

相手に手紙を手渡しする

〔方法2〕——

◉書いた手紙を声に出して読み上げます。

例

お母さんへ
私はいつもお母さんの前では
ダメな子だったかもしれないけど
本当は頑張った時には思いっきり
ほめてもらいたかった！
すごくさびしかったんだよ！

5. 最後におまじないの言葉を唱えます

◉目の前に、手紙を書いた相手がいると思って次のフレーズを言います。

『今まで
ありがとうございました。
あの頃の私は
まだ小さくて
何もできなかったけれど
これからは私は
私の思いを優先して
生きてゆきます！』

このワークで、少しでも気持ちが楽になり解き放たれた！と感じたら、書いた手紙は処分しましょう。

33 催眠セラピー

メンタルブロックを解放する方法のひとつに、催眠セラピーがあります（催眠療法、ヒプノセラピーとも言います）。カウンセラーの誘導により、自分ではなかなか行けない潜在意識へ導いてもらい、記憶の書き換えや削除などポジティブな暗示を導く心理療法です。

自分のメンタルブロックの原因をきちんと知りたい人、メンタルブロックがいまいちよくわからない人、セルフワークで効果を感じられなかった人、重いトラウマを抱えていると思っている人におすすめです。

大きくわけて6つ！
胎内退行療法
暗示療法
前世療法
自己催眠
未来世療法
年齢退行療法

催眠セラピーは
なぜ潜在意識に直接
働きかけるのでしょうか
カウンセラーの誘導により
催眠状態になると
この本の監修カウンセラーの弥永英晃先生
クリティカルファクターの膜が弱まり 潜在意識に
アクセスしやすくなります
行ってくるニャー！
よろしくですー
つまり
カウンセラーの言葉が
意識の深～いところまで
届くのです
潜在意識の
記憶 ROOM
みつけたニャ！
カウンセラーからの
導きや暗示により
記憶の書き換えや削除などを
行うことができるので
ラジャ
たたた たんった
メンタルブロックを外し
自分自身を取り戻す
ことができるのです
セルフワークで
リラックスが
大事なのも
そのためか！
自分に合った方法で
メンタルブロックを
解放して！
みんなに幸せに
なってほしいニャ！

第6章

脱・引き寄せの法則のヒント

ハートと波動のおはなし

34 望むことに周波数を合わせよう!
……波動

思考が宇宙に放つエネルギー——これまで本書で何度も出てきたキーワードです。

ミクロの量子学的視点で考えると、地球上にあるものすべては振動しているエネルギー体。**そこには必ず『波動』が存在しています。**

身近なところではテレビやラジオも電波という波動を受信するシステムです。ほかにも、脳や心臓から出る波動は「脳波」や「心電図」という形で表れます。目には見えなくても、私たちにとって日常的で身近な存在なのです。

波動は空間に波のような波形を描き、周りに広がっていきます。そして同じ波動と共鳴し自分に返ってくる性質があります。これを波動共鳴と言い、引き寄せの法則の原理です。

あらゆるものから出ているエネルギー これが波動!
人やもの そして目には見えない思考・感情からも常に「波動」が出ているのニャ!
NOTE
波動が引き寄せるしくみ
波動を送る
大きいの釣るニャ
釣れた時の喜びを想像
波動共鳴
似たものに同調して
現実化
ゲッツ!
引き寄せる
良い波動は良いものを悪い波動は悪いものを自分に返してくるただそれだけニャ
どちらに合わせるかは自分次第なんだね!
ネガティブ
ポジティブ
周りにあるもの それは自分の波動が引き寄せている

35 ハートを意識してみよう！
……ハート（心臓）の力

引き寄せのメソッドとして忘れてならないのは脳よりも「ハート（心臓）」の概念です。

少し面白い研究報告があります（米スタンフォード大学の関連機関ハートマス研究所による）。ハートから出ている波動はなんと脳の5000倍も強いというのです。ということは……人はハートで感じた感情を善し悪し関係なく**5000倍の強さで周囲に放っていることになります。**

さらにその強い波動は、無意識に「知る」こともできます。「好きな人に会うとハートがドキドキ！」、逆に「心配事があると胸のあたりがモヤモヤ」、頭よりも先にハートが反応している、そんな経験が誰にもあるはずです。

こんな風にハートは常に感情とつながっています。ハートからのメッセージを積極的に受け取ってみませんか？

すごいニャ！
すごいニャ！
ハートの波動の強さ！
ハンパニャイ!!
人格変わるくらい興奮してるよ…
たしかに夢を叶えるために計画を立てる時使うのは脳
計画をしっかり!!
脳
心臓
わくわくドキドキ
でも想像してワクワクしたりドキドキするのはハートだね！
それだけじゃニャい！
ハートは何でも知っている！
強い波動は脳よりも先に真実をとらえることができる！
全然意識してなかった人なのにある日から急にドキドキする…
どうして!?
オハヨー
きゃん
なんてことが昔あったなぁ…
うふふ
ハートはもう知っていたのニャ
だ・か・ら！
ハートの直観力は理論的に考える脳よりもすごいのニャ！
ハートの声にもっと耳を傾けよう〜
ハートは強力な引き寄せツール

36 無意識の共有サーバーにアクセス！
……マトリックス

少しおとぎ話のように聞こえるかもしれませんが、記憶の保存場所について、実はこんな仮説があります。

人の記憶や経験は脳ではなく、コンピュータで言うサーバーのようなところに送られます。その目に見えないサーバーは「マトリックス」と呼ばれ現在・過去・未来関係なくいろんな人や出来事の情報が同じ場所に蓄積されています。

ここにはどんな人でも無意識にアクセスができ自由に情報を共有できるという仮説です。

誰もが経験するシンクロニシティやひらめきはもしかしたらマトリックスが実際に存在するからかもしれません。

例えばこれがマトリックス！
本当は目に見えないのニャ
宇宙のサーバー？
トン
マトリックス
ここにはみんなの記憶や経験が保存されていて
マトリックス
経験
感情
記憶
情報
思考
思考や感情の波動がマトリックスに送られると
似たものと共鳴してシンクロニシティが起きたり
共鳴
おなかすいた～
波動
引き寄せ
お菓子たべる？
お客様からいただきもの
クッキー
アイディアを引き寄せてひらめいたりする
共鳴
何かいい案ないかな～…
波動
引き寄せ
んー
おー！
急にひらめきが！
無意識にマトリックスのサーバーにアクセスしてるのかな！
こんなのよくある～
キミの波動が異次元に届いているのかもニャ！
マトリックスを意識してひらめき上手になろう❢

37 引き寄せが起こらないその理由は？……内観

実践しているつもりなのに思うように引き寄せが起こらない場合とは…

❶ネガティブトーク（悪口・ネガティブな口癖）をしている。
❷思考パターンがネガティブに傾いている。
❸潜在意識にメンタルブロックが残っている。

なかなか引き寄せが起こらないと疑心暗鬼な気持ちが芽生え、焦りや不信感から、知らず知らずに反作用エネルギーが膨らみます。**すると引き寄せをますます遠ざけてしまう原因になるのです。**

そんな時は一度立ち止まり、内観をして自分自身の行いや心の内側を探ってみましょう！

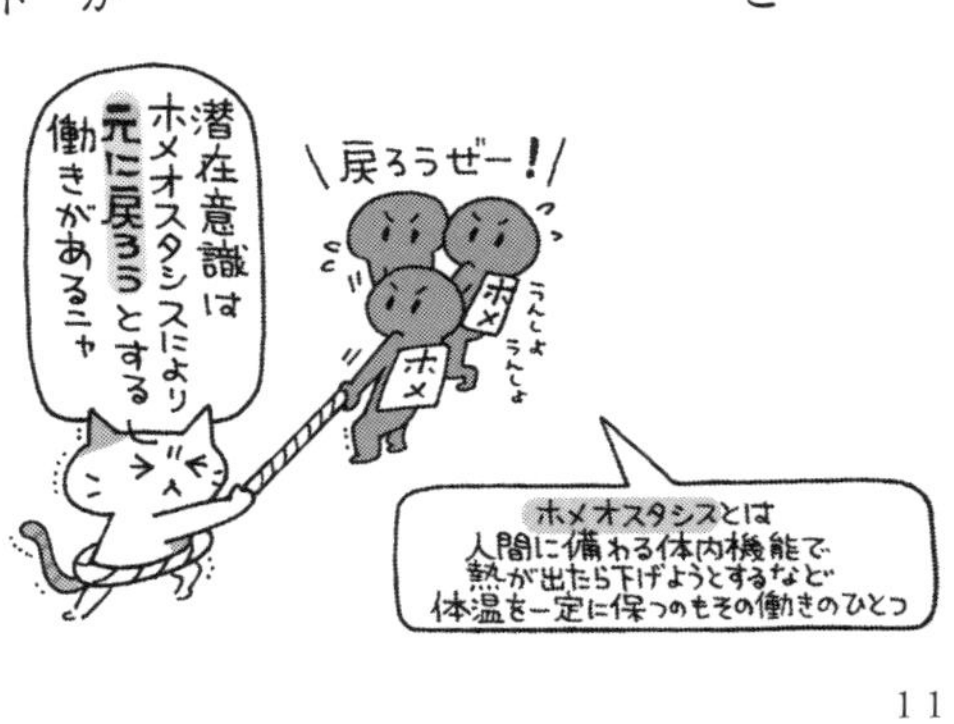

引き寄せられない！
そんな風に思った時は…
自分自身に問いかけてみよう！
まだ心にトラウマやメンタルブロックが残ってないかな？
ネガティブトークをしていないかな？
思考パターンがネガティブになっていないかな？
思い当たることがあればそれは引き寄せを受け入れる準備がまだ整っていない状態です
エーそうなの～
もう一度この本を読み返してみるかセルフワークを行ってみましょう
よしっ
脱引き寄せ
現実化するスピードには個人差があるニャ！焦らず心の中を見直してみようニャ！
もう1度セルフワーク中
大切なのはいつでも心が癒やされていること

第7章

引き寄せるために大切なこと

プラスαの引き寄せワーク

38 引き寄せ宣言をしよう！……アファメーション

自分に対しての肯定的な断言・宣言をして夢を達成に導く！　言葉の力を利用して誰でも簡単にできる自己暗示法です。これを『アファメーション』と言います。

自分だけのアファメーションをつくりましょう！

この時、言葉選びはとても重要です。第1章(06)と左側の説明を参考にしてください。紙に書き出したら常に見える場所に貼って意識しましょう。そしてさらに効果的なのは、声に出して言うこと！　**何度もくり返し言うことで潜在意識にぐんぐん刷り込まれ、引き寄せが強化されます。**　1日だけ、1度だけではなく継続的に行うとさらに効果的です。

アファメーション

引き寄せたい夢や
なりたい自分を宣言しよう!

叶ったつもりで
断言する
× 幸せになりたい
○ 幸せだ!

とても優しい
恋人ができて
幸せ!

短めの言葉で
簡潔に書こう
覚えやすく
いつでもスッと
言えるように!

仕事が充実して
満足だ!

私はいつも
ツイてる!

自分を主体で書こう!
[悪い例]
「○○さんが優しく
してくれるから幸せ」

私はすでに
お金を
引き寄せています

否定形の
言葉はNG
× 失敗しない
○ うまくいく!

お風呂や寝る前など声が出せる
場所ではワクワク楽しい気持ちで
アファメーションをくり返し
行ってみよう!
リラックス状態で唱えると
潜在意識に入り込み
やすいのニャ!

なんて私はいつもツイてるんだ!
優しい彼もできたし私はとっても幸せ者!!
なんて私はいつもツイてるんだ!
優しい彼もできて
…

39 夢をビジュアル化しよう！
……ビジョンボード

叶えたい夢のイメージ写真やイラストなどを集めて貼り、目から入るポジティブな情報を潜在意識にアプローチする方法です。これを『ビジョンボード』と言います。

毎日これをワクワクしながら眺めることで、明確な望みを常に意識することができ、**「すでに手に入れている」という感覚をつくりやすくなるのです。**

どんな風に仕上げるかは自分の感性で！　あなただけのビジョンボードをつくってみましょう！

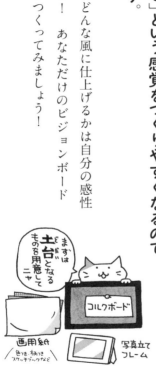

ビジョンボード

見ていて心地のよい大好きな写真や
言葉を自由にペタペタ貼ってみよう！
楽しい笑顔の写真
好きな言葉
Thanks for Everything
感謝
affirmation
Happy
ネットの画像や雑誌、
手持ちの写真などを
利用して
アファメーション
欲しいもの
行きたい場所
気分
いつもいい
GO FOR IT!
Happy
目標！
雑貨を使って
カラフルに！
マスキングテープ！
男性のお部屋にも！
ワクワク
しながら
つくろう～！
ワイヤーラックに
色少なめで
まとめるとオシャレ！

40 脳と身体の疲れをリセットしよう！……瞑想

使い過ぎた脳と身体を癒やす「瞑想」をしてみましょう。

「瞑想」と聞くと、宗教的だとかスピリチュアル感が強いイメージがありますが、実はとてもシンプルな、精神を整えるリラクゼーションのひとつです。

瞑想にはうれしい効果がたくさんあります。**心の安定、やすらぎ、安眠、ネガティブ思考の解放、ストレスの軽減、集中力・記憶力の向上、健康の回復**など、効果のほどは科学的根拠もあると言われています。日々の疲れを瞑想でリセットしていきましょう！

瞑想

疲れた思考と身体を癒やそう!

瞑想のやり方

❶目を閉じ呼吸に意識を向けます。
❷ゆっくりと鼻から息を吸ってお腹を膨らませます。次にゆっくりと鼻から息を吐き出してお腹をへこませます(口から吐き出すほうが楽な場合はそれでもOK)。
＊行う時間は15分が目安。慣れないうちは5分くらいからはじめてみましょう。

基本のポーズ

寝ちゃっても大丈夫?
大丈夫です！頭をからっぽにして気楽に行うのが一番！

楽な姿勢 楽な格好で
ポーズにはとらわれず椅子やソファーに座ってもOK。ただし、気(エネルギー)の流れを良くするために背筋を伸ばして行いましょう。

無理はせず気持ちのいい範囲で行ってね！

香りをプラス
アロマを利用してリラックス効果を高めてみましょう。

41 1日1回のありがとうタイム
……ありがとうノート

「ありがとう」となかなか相手に伝えることができなかったり、日常に追われて感謝を感じることすらスルーしていませんか？

『ありがとうノート』を書きはじめると、**普段当たり前と思っていたことが、小さな幸せだと気づく**ことができるようになります。

感謝は愛の波動そのものです。小さな幸せが積み重なると充実感を得られ、満ち足りた毎日を感じることができます。ネガティブな思いを感謝に変えて。「ありがとうノート」はハッピーな波動をどんどん宇宙に解き放つ、あなただけの最強のお守りにもなりますよ！

ありがとうノート

毎日ちょっとした感謝の気持ちを
ノートに綴ってみよう!

DIARY

専用のノートを
用意しよう!
あとで読み返すことで幸せを実感することができます。

DATE　.　.

ささいなことでもOK!
小さなことにも誰かの優しさが関わっています。

ネガティブなことにも感謝
怒っていい。落ち込んだっていい。でも起きたことはあなただけの経験値です。見方を変えて感謝してみましょう。

◉お母さん今日もお弁当ありがとう!
◉残業してたら手伝おうかと声を掛けてくれた先輩、ありがとうございます!
◉ごはんが美味しい! 健康に感謝!
◉仕事のミスを指摘してくれた同僚に感謝!

私ってこんなに
感謝なことに恵まれて
生きているんだな〜

42 セルフ「ほめ上手」になろう！
……ほめ習慣

人からほめられるということが、大人になるとめっきり少なくなりますね。でも唯一、惜しみなくほめてくれる存在を忘れていませんか？　それはあなた自身です！　自分で自分をほめて心にご褒美をあげましょう。

「私エライ！　頑張ってる！　スゴイじゃん！」

「ほめ習慣」をくり返すと自己肯定感・自己価値観が高まり、**「私には引き寄せを受け取る価値がある！」と潜在意識が捉える**ようになるのです。いつも頑張っている自分に「ありがとう」と伝えることも大事です。自分が自分の1番の応援団になりましょう！

ほめ習慣

自分で自分をほめて「うれしい波動」をたくさん出そう！

❶声に出して自分をほめよう！（＊周囲が気になる場合は心の中でもOK）

声に出して言うと耳からも聞こえるので潜在意識に届きやすい！

❷鏡を見て行うのも効果的！

家でも外出先でも鏡さえあればどこでもできます。

自分で自分をほめると、無意識に口角が上がり笑顔になっていませんか？ 笑顔には最強の引き寄せ効果があります。ほめ習慣を実践して「うれしい・楽しい」を引き寄せましょう！

43 ゴールに向かう計画を立てよう!

……目標達成プラン

望むことを具体的に設定できたけど、何をはじめたらいいんだろう？　漠然としすぎて何をやるべきなのかわからない。

それを知るために「目標達成プラン」を立ててみましょう！

まず望みを達成したい期日を決めて、そこから逆算しそれまでに自分がどうなっていなければいけないのか具体的にしていくのです。目標への道筋をつくると自分が何をすべきかが目で見てわかり**意欲的なモチベーションで毎日夢に向かうことができます。**ゴール目標クリアを目指してプランを立ててみましょう。

毎日コツコツが潜在意識に届いて自信がつくニャ！
千里の道も1歩から！

目標達成プラン

計画性を持って夢を叶えよう！

目標達成プランを作成しよう！

❶望むことを叶える期日を決める

5年後・3年後・1年後・6カ月後・3カ月後・1カ月後・2週間後？自分の「望むこと」に合った期限を決めましょう。望むことが実現する日を「ゴール」とします。

❷プチ目標ラインを設定する

期日を決めたらその間で、いくつかのスパンに分けてプチ目標ラインを決めます。

❸プチ目標ライン達成のためにやるべきことを多く挙げる

◉毎日達成が可能なハードルの低いことから設定します。
◉数値を具体的に設定するのも効果的です。

❹プチ目標ラインでは何ができていなければいけないか、具体的な内容を書き出す

ゴール目標に向けて行動を開始しよう！

❸で挙げたやるべきことを毎日コツコツ行動していきます。

プチ目標ラインの期日に達成度が計画と違っていたら、計画を立て直すか行動を変えてみましょう！

第8章
さあ、引き寄せよう！
ネコ先生の最終講義

44 夢のためにできることからはじめよう！
……行動すること

第1章からここまで読み進めたあなたは、今どんな気持ちでいますか？

❶「夢に向かって何からはじめよう♪」とワクワクしている。

❷ポジティブな思いを強く持って引き寄せをじっと待とう。

さて、どちらでしょうか？

❷を選んだあなた。残念ながら待っているだけでは望みを叶えることはできないかもしれません。願望は行動することにより、より達成に近づくのです。**さぁ！ 自分のペースで楽しく行動してみませんか？** 夢が叶った時の喜びや充実感を想像して、まず第一歩を踏み出してみましょう！

ぶっちゃけ はじめは 思うだけで 何もしなくても 引き寄せられると 思ってました…
あはは…
もじもじ
みわは確か 優しい人と出会って 結婚するのが 望むことだった ニャ？
結婚したいと思っても
いつか 白馬に乗った 王子様が！
ちぃーす
引き寄せ カモン！
思ってるだけじゃ なーんにも起こらないニャ
心得
自分のペースではじめよう！
行動こそが 引き寄せの 最終手段ニャ
みわの場合
大切なのは義務感ではなく
もりもり 残業
お金を貯める
自分磨き
料理教室
イラストの イベントに参加
そこに ワクワク感があること！
地に足のついた 現実と向き合って いつ引き寄せても いいように 準備しておこう ニャ！
やる気 出て キター♥
ドン！
マイペース＆ いい気分で ワクワク行動を❗

45

望みが叶うスピードは十人十色

……実現までのスピード

あなたの引き寄せが実現するのは一体いつでしょう？　これについては、はっきりとお答えすることができません。なぜならそれには個人差があるからです。

ただこれだけは言えます。**あなた自身を受け入れる準備が整えば**その時は速やかにやってくるでしょう。

受け入れる準備とは何か。それは潜在意識レベルであなたの心が癒やされていること。つまりメンタルブロックが外れている状態で、いつもいい気分でいること。自分の思ってもみないところで宇宙が準備してくれていることを信じましょう。そして「行動」が伴えば実現スピードは格段に早くなります。あなたの心の状態と行動力こそが、実現するスピードの鍵となるのです。

心得
メンタルブロックが外れていることが大事
自分に引き寄せを受け取る価値があることに早く気づくのニャ
心はセルフワークで解放したけどもっともっと早く引き寄せるには…！
ん？アセってるニャ？
「焦り」は「恐れ」恐れは引き寄せを拒む反作用エネルギーニャ
夢は人それぞれ違うもの
ハッハッ
夢に向かってゆくぞ〜
人のことは気にしない〜♪
叶うスピードも違ってあたりまえ
それにカピバラ先生も言ってたニャ
地道に努力しながらいつか叶うやろ〜と思ってるぐらいがちょうどええんやで〜待っときや〜
わはは
それはつまり自分と宇宙を信じてゆだねるってことや
心が癒やされていれば何も怖いことはない！
呼んだやろ？
カ…カピバラ先生っ
マイペースでいいんだね〜
てゆーか出たいんでしょ…カピ先生…ふふっ♡
焦りは禁物！あなたのスピードで確実に夢を叶えよう

46 夢へのアンテナを敏感にしよう

……引き寄せサインをキャッチ

夢に向かってワクワク行動をするようになると、**達成するために必要なことが起こる**ようになります。

◉ネットや本の中に欲しい情報を見つける。
◉恋人が欲しいと思う人には出会いの場所が増える。
◉起業をしたいと思う人にはセミナーの誘いが来る。
◉必要な時に思いがけない臨時収入がある。など……

最初は「偶然だ」と思うかもしれませんが、これは**小さな引き寄せがはじまり出した、いい兆候**です！

しかし、望むことに意識が向いていないと、せっかく訪れた引き寄せサインに気づくことができません。しっかり逃さずキャッチできるようにアンテナを敏感にしておきましょう。

そもそも人は気になるものはすでに潜在意識で引き寄せてるものなのニャ
わかるわかる
ショッピングに行っても気になる色や形ばかり目にとまったり
ボーダー柄ついつい選んじゃうんだよね♪
気になる話題はすぐに目に飛び込んでくるのよね
婚活Net.
モテ女子10の行動
おー…
心得
新しいことをはじめたら潜在意識に根づくように心がけてみよう！
望むことを強く意識するのニャ
小さな偶然がたくさん起こるようになったら「引き寄せてる！」と実感してみよう！
その気持ちがさらに引き寄せを呼ぶね♪
ピーン
小さな偶然はあなたの引き寄せが好調であるサイン！

47 「望むこと」は変わってもいい

……臨機応変に

一度決めたことを貫く、というのも大切なことですが、心の変化に臨機応変に対応するのも重要です。

望むことに意識を向けると引き寄せアンテナが働いて、よりいろんな情報を引き寄せるようになります。そんな中で違うことにインスパイアされて新たな夢が芽生えたり、一度向かった夢だけど、やっぱり違うのでは…と途中で気づいたりすることはごく自然なことです。

あなたは自分自身のことをいつでも自由に決めることを許されています。

軽やかに方向転換して、また新たな目標に取り組みましょう！

コロコロ望みを変えるのってよくないのかなって思ってた
優柔不断とゆーか根性たらないみたいで…
自分が決めたことにしばられちゃダメニャ
心得
望むことはいつだって変更可能！
自分の心の変化に素直に導かれていいのニャ！
夢に向かって努力をしてるうちに新しいことが見えてくることもある
ダイエットを目標にしてたら栄養学に興味が！
夢は料理家!?
栄養学
その逆に、実際にやってみたら「違うかも？」と気づくこともあるでしょう
オレのしたいことって本当にこれ？
IT試験
その時はまた新たに望むことを設定し直せばいいのです
それまで頑張ったことは経験というキミだけの財産になってるニャ
人生ムダなし
キモチもラクになる～
前向きな夢の進路変更はためらわずにGO!

48 夢が叶うまでのシナリオはあなただけのドラマ

……ネガティブなことが起こったら

「叶えたい夢も決まった！　恐れも手放した！　いいことだけを考えてるんだからこれからはもう悪いことは起こらない？」

いいえ、これからも失敗もあれば嫌なことや心配事も起こるでしょう。その時はすかさず、その経験ができたことに感謝して！　思考パターンをポジティブに対応していきましょう。

ピンチはチャンス！　という名言があります。

ピンチのおかげで思わぬ大きな夢が叶うキッカケになるかもしれません！　夢が叶うまでの山あり谷ありは、まさにあなただけに起こったドラマなのです。

「いいことだけ考えてたら悪いことは起こらない」…ある意味はんぶん正解なんだニャ〜これが
はんぶん？
？？
どうしてかっていうと
それはあなたの思考パターンによるものだから！
心得
悪いことにするのも良いことにするのも考え方次第ニャ
あなたは常に人生のハンドルを握っています
人生ドライバー
この先、不本意な道をどうしても通らなければいけない時もあるでしょう
目の前にイバラの道が出現！
経験値アップ成長できるぞ！
ブロロン!!
でも前向きに乗り越えることで夢へのシナリオが奥深いものになっていくのです
トラブルやハプニングはちょっとした人生のスパイスニャ！
ゴールにたどりつくまでポジティブドライブを楽しむよ〜！
人生はドラマピンチはチャンスで乗り切ろう！

49 自分の幸せからすべてがはじまる！
……祈りのバランス

この本を読まれている人の中に、自分ではなく愛する人の幸せを引き寄せたい、と思っている人はいませんか？

「両親が幸せな老後を送ることを望む」

「彼が就職試験に合格しますように」など……

相手を思いやる気持ち、祈りは愛の波動そのものです。愛する人の幸せを願うことはとても素晴らしいことですが、引き寄せをするためには、守らなければいけないバランスがあります（「4つの順番」次ページ参照）。

まずはあなたが幸せになりましょう！

自分自身の心が満たされることによって相乗効果を生み、幸せの連鎖があなたの愛する人たちにも影響しはじめるのです。

心得
祈りのバランスを
この順番に
1 自分自身
2 自分の信念
3 愛する人々
4 仕事
1. 自分自身が癒やされ
心が満たされていること
しあわせ〜
するとその波動は周りに広がり周囲の
人たちにも心地よさが伝わります
オハヨッ
今日もがんばろっ
最近のみわ
幸せそう!
こっちまで元気
もらえる〜
相乗効果
ただいま〜
疲れて
帰宅しても
明るい奥さん
見ると疲れが
取れちゃうな
おかえりー
その状態になることで
2. 自分の信念(望み)の
引き寄せをスタートする
ことができ
3. 愛する人々
4. 仕事
の順で
引き寄せのバランスは
保たれるのニャ!
まず私自身が
満たされることが
大事!
引き寄せの基本は
いつでも
自分自身が主体!

50 ゆるく、楽しく、自分らしく
……しばられない心

テレビのニュースや職場など、さまざまな場面でネガティブな出来事に触れることがあります。そのたびにイラッとしたり、怒ったり、落ち込んだり…。「いい気分でいたいのに悪い波動を出してしまったかも」など、そんな風に思う必要はありません。

インパクトのある出来事に感情が揺さぶられるのは当然です。引きずらないように感情をコントロールできれば大丈夫！

ネガティブは悪者ではありません。いいこと悪いこと両方を知ることは心の豊かさにもつながるのです。

「常にポジティブでいなければ」という思いにしばられず、自分らしさを忘れずに「脱・引き寄せの法則」を楽しんでください！

泣きたい時は泣いて
わーん
ムキー！
イライライライライラ
怒る時は怒れ！
イライラしたっていいじゃん
ネガティブを毛嫌いするニャー
ただーし！
心得
心にネガティブを置きっぱなしにしないのニャ
セルフワークや瞑想などで解消できるよ！
それはサッと平常心に戻れる魔法の言葉を教えるニャ
MAIKKA!
まいっか
イッキに気持ちがほぐれるね～
ゆる～く楽しく自分らしく
引き寄せるのだ！
ネガティブな自分も愛すのニャ♪
感情豊かはグッド！
自分を許して
臨機応変でいこう！

ネコ先生の
最終講義のあと
いつの間にか眠っていて
あれ？
ネコ先生？
起きた時には
ネコ先生は
いなくなっていました
それからネコ先生に伝授して
もらったとおり
チチチ
チチチ
朝ーっ
休日の早起き
気持ちいいね！
今日も1日
気持ちよく
過ごそうね！
いつもいい気分でいることを
意識して日々暮らしています
大家さん
いつもお花が
キレイですね
あらー
おでかけ？
毎朝元気に
咲いてる花にも
癒やされるんだ～
るん♪
大家さんに
感謝だ♡

BOOK
よしっ
はじめてのイタリアン
BUONO!!
まずは大好きなイタリアン料理からつくってみよう
苦手な「料理」を克服するぞ
はじめイタリ
BUONO!!
Pasta
絶対に美味しいのつくっちゃうもんね！
たのしー♥
花嫁修業のつもりで料理をはじめたけれど
シャカシャカ
できた！
カルパッチョ
ペペロンチーノ
美味しーい！私って才能アリ？
料理ってこんなに楽しいんだ
すっかり料理の楽しさに目覚めた私です
次は何つくるー？すっごくワクワクする！
ラザニアもいいな
私、昔よりワクワク上手になってきてるね！
この調子ー
イエイ！
ふふっ
ん〜おいしい！しあわせ！

みわ!!
聞いて聞いて!
総務のアキコ結婚するんだって!
まだ入社して間もないのに信じられない!
わ〜素敵!
よかったね!
結婚式呼んでもらえるのかな〜
アキコ幸せ者だね〜
え……
なんかいつものみわと違くない?
いつも
また先越されたー!!
キイ〜!!
つまんなーい
違う人に話してこよっと
プイッ
あはー
私の意識が変わると周囲にいる人が変わる?
そうか! 私自身のあり方で引き寄せるものも変わってくる
今! 私の未来もどんどん変わっているんだ!
みわの個展
ほわ〜ん…
みわ……
えっ?

心の中に話しかけてるニャ
今日は最後のお別れを
言いに来たのニャ
ネコ先生!?
昔とは見違えるほど
引き寄せ上手に
なってるニャ
もう みわは大丈夫
引き寄せ難民卒業ニャ!
グッドラック
ニャ~
愛と感謝を忘れず
明るい未来にしていくニャよ~
ありがとうございました!
さようなら ネコ先生…
カシャ
パチパチ
カシャ
パチパチ
カシャ
パチパチ
アキコのドレス姿キレイ~!
すっごく幸せそう~

ほかには
どんな人が
来てるんだろう
ちらりっ
ん!?
あの男の人
もしかして…
学生時代
ずっと好きだった人！
プシュー
これが私の
引き寄せ!?
どうする？
どうする私！
ハートに従ってみよう
ドキドキドキドキドキドキドキ
キター！
ガタン
とにかく
声をかけてみる！

あの…
今の私なら…
絶対にうまくいく！
ふわり…
ピキーン
シュタッ
トン！
ガラガラ
ガラガラ
窓OPEN!
ボクの名前は人呼んで引き寄せの伝道師！
窓はあいてたニャ！
次に引き寄せを体験するのはキミなのニャ！

おわり

おわりに

今から3年前、河野さんと私は、ずっと読み継がれ人々の幸せに貢献する本を一緒に書こうと決意し、この本の原作本である『脱・引き寄せの法則ワークブック～引き寄せの法則難民を脱出するための7つの秘密～』を自費出版しました。自費出版・書店流通なしにも関わらず、予想外にAmazonランキング1位を獲得し売れ続けました。のちにこの原作本は「奇跡を起こす本」と呼ばれるようになります。それはきっと「多くの人に役立ってほしい！」という〝愛と祈りの想い〟が、バタフライ効果を生んだのでしょう。

バタフライ効果とは「1匹の蝶が羽を動かすと、はるか遠くの異国で竜巻が起こる」という、行動と影響についての仮説です。これは気象学者エドワード・ローレンツが提唱したもので、湖に小石を投げると波紋が広がるように、どんな小さな出来事でも様々な影響を巻き起こしていくということです。

引き寄せの法則は「天の法則」。あなたの何気ない言葉や小さな行動が、誰かに影響を与え続けます。もし、与えるのならば、愛や感謝・幸せ・喜び・平和などのプラスのエネルギーがいいですよね？

自分を愛せる人は人にも優しくできる人。ということは、自分に厳しい人は、人にも厳しい人。どちらの世界で生きていきたいのか？ということなのです。引き寄せはそれを自分で選べます。いい気分を選択する。わくわくを選択する。とは、引き寄せの感情で大切なものです。

自分を愛せると、世界のすべての人に愛と幸せの波動を放出できるようになります。すると、バタフライ効果によって、世界が幸せ・平和になっていきます。あなたは未来の新しいあなたを創造できるし、素晴らしい世界への創造のお手伝いもできるのです。原作にはもっと詳しく科学的な解説もしています。ご興味があればご一読ください。

私は原作本が出版された当時から「漫画化・アニメ化・映画化・海外翻訳された！」と夢を語っていました。当時の私のFacebookやブログに記事が残っています。私は法則をずっと信じてきました。

うつのどん底で、もがいていた時の私に、本として「潜在意識と引き寄せ」を教えてくれたジョセフ・マーフィー博士はこう言ってます。

「真摯な願いの前に不可能はありません。潜在意識はどんな願いも実現する、無限の力の源泉なのです」

その言葉に嘘はありませんでした。作家として本格的に活動を開始し、今回、3年の月日を経て、商業出版で漫画化の夢が実現したのです！　他にも、Yahoo! Japanに記事が掲載され、テレビ朝日系のＴＶ番組に出演できました。

愛と潜在意識につながるとき、あなたにも無限の引き寄せが起こります。この本があなたと共に人生を豊かに彩りますように。

「あなたは天にどんな想いと祈りで、あなたと世界に良い波紋を起こしますか？」

最後に、手に取ってくださった読者さん、この本を世に広げるきっかけをつくってくださった編集者の齋藤和佳さんと私が尊敬する漫画家の宮咲ひろ美先生、同志である河野桃子さんに心からお礼申し上げます。

弥永英晃［カウンセリング学博士・看護師・作家］

付録

引き寄せオーダーシート

現状	望むこと

記入日　　年　月　日

宮咲ひろ美 みやさき・ひろみ

漫画家、イラストレーター。群馬県出身、神奈川県在住。自身のブログ「SYNCHRO！」にて、引き寄せやスピリチュアルテーマの漫画を発表。その後『催眠セラピー体験しました！』でデビュー。自分なりの引き寄せを実体験している。日課はお風呂に浸かりながらのアファメーション。夢は「脱・引き寄せの法則」をたくさんの人に知ってもらうこと。〔**著書**〕『催眠セラピー体験しました！』（イースト・プレス）、『超かんたん！開運リセット風水』（イースト・プレス）

監修

弥永英晃 やなが・ひであき

カウンセリング学博士・看護師・作家／潜在意識メンタルコーチ・スピリチュアルコーチ／心理オフィス インナーボイス院長。福岡県出身、大分県在住。医療・心理カウンセリング歴16年、臨床経験は1万人以上。日本全国からクライアントが殺到し、予約が取れないことで有名な人気カウンセラー。有名芸能人・政財界・医師・弁護士などのセレブが開運するとお忍びで通う。ジョセフ・マーフィー博士の『眠りながら成功する』を読み、潜在意識と引き寄せを学び、自身で実験。自身のうつも潜在意識が原因であることに気づき、潜在意識を使い克服。自費出版した『脱・引き寄せの法則ワークブック～引き寄せの法則難民を脱出するための7つの秘密～』がAmazonベストセラーランキング1位になる。これが漫画化されるなど作家としても夢を叶え、幸せの引き寄せを起こす。メディア関係では、テレビ朝日系「JOKER DX」にTV出演・雑誌・新聞・Yahoo! Japan等で取り上げられ話題になる。心理カウンセラーの後進を育てながら、心がラクになる・幸せになれる本を執筆している。〔**著・共著書**〕『脱・引き寄せの法則ワークブック～引き寄せの法則難民を脱出するための7つの秘密～』（デザインエッグ社）、『薬に頼らずラクになる　やさしいうつの治しかた』（パブラボ）、『もうダメだと心が折れそうになったとき　1分でラクになる心の薬箱』（青月社）

監修

河野桃子 こうの・ももこ

潜在意識コーチ、明星国際ビューティカレッジ校長。大分県出身・在住。大学時代に親子関係の葛藤から引きこもりになり、心理学に興味を持つ。その後熟慮の末、祖母の代からの美容業界に進むことを選ぶ。語学力を生かして英国の美容学校に短期留学したのち、美容師としてサロンに立ちながら、美容学校講師、CM撮影でのヘアメイクやブライダルヘアメイクを手掛け、エステも習得。美容室のサロン経営を任されるが、スタッフ教育に悩み、コーチングを学ぶ。プライベートでは結婚離婚を経験し、自分の精神的な幼さや癒やされていない自分に気づく。その過程で引き寄せの法則を学ぶも、思うような結果が出ずに悩む。望む結果を探求する過程で、心理学や潜在意識をさらに深く学ぶ必要性に気づき、シータヒーリング®などを学び、やがて教えるように。現在は大分市内の美容学校で校長職に就き、心と身体を癒やせるスペシャリスト教育に向けて邁進する日々。〔**共著書**〕『脱・引き寄せの法則ワークブック～引き寄せの法則難民を脱出するための7つの秘密～』（デザインエッグ社）

まんがでわかる
脱・引き寄せの法則
本当に「引き寄せる」ために

2016年6月11日　第1刷発行
2016年8月2日　第2刷発行

著者　宮咲ひろ美
監修　弥永英晃
　　　河野桃子

装丁　小沼宏之
本文DTP　小林寛子
編集　齋藤和佳
発行人　堅田浩二
発行所　株式会社イースト・プレス
〒101－0051
東京都千代田区神田神保町2-4-7
久月神田ビル8F
TEL03-5213-4700　FAX03-5213-4701
http://www.eastpress.co.jp/
印刷所　中央精版印刷株式会社

ISBN978-4-7816-1428-1 C0095

この本は『脱・引き寄せの法則ワークブック～引き寄せの法則難民を脱出するための7つの秘密～』(デザインエッグ社)を原作とし、漫画版として内容を編集・改訂しました。